Barbara Heller & Carla Reis Longhi (orgs.)

Representações em Trânsito: personagens e lugares na cultura midiática

Barbara Heller & Carla Reis Longhi (orgs.)

Representações em Trânsito: personagens e lugares na cultura midiática

Porto de Idéias
EDITORA

São Paulo, 2009

Representações em Trânsito: personagens e lugares na cultura midiática

Barbara Heller & Carla Reis Longhi (Organizadoras)
Ana Carolina Bernardo Macedo
Djacy Mangueira de Almeida
Luciana Fátima da Silva
Luiz Claudio Taya de Araujo
Margarete Aparecida Ferraz Escobar
Sidnei Marciano Pereira
Solimar Garcia.
Sonja Marques Rodrigues Antiqueira

Editor
Sebastião Haroldo de Freitas Corrêa Porto

Projeto gráfico e diagramação
Feco Porto | Caroline Silva

Capa
Juliana Signal

Revisão
Silvana Pereira de Oliveira

Dados Internacionais de Catalogação na Publicação (CIP)
(Câmara Brasileira do Livro, SP, Brasil)

Representações em trânsito : personagens e
lugares na cultura midiática / Barbara Heller
& Carla Reis Longhi, (orgs) . -- São Paulo :
Porto de Idéias, 2009.

Vários autores.
Bibliografia
ISBN 978-85-60434-64-0

1. Comunicação 2. Comunicação de massa 3. Comunicação e cultura 4. Imaginário 5. Meios de comunicação 6. Mídia 7. Personagens e lugares 8. Representações sociais I. Heller, Barbara. II. Longhi, Carla Reis.

09-13195 CDD-302.23

Índices para catálogo sistemático:
1. Personagens e lugares na cultura midiática :
Sociologia 302.23

EDITORA PORTO DE IDÈIAS LTDA.
Rua Pirapora, 287 – Vila Mariana
São Paulo – SP – 04008.060
Tel. (11) 3884-3814 – Fax (11) 3884-5426
portodeideias@portodeideias.com.br
www.portodeideias.com.br
www.twitter.com/portodeideias

Sumário

Apresentação

O livro *Representações em Trânsito: personagens e lugares na cultura midiática* é fruto das reuniões e discussões efetuadas pelo grupo de pesquisa "Mídia, Cultura e Política: identidades, representações e configurações do público e do privado no discurso midiático" ao longo de 2008 e 2009.

O nome do grupo de pesquisa aponta para as articulações propostas pelo mesmo, tendo como eixo condutor o entendimento de que as interações sociais constituem-se na contemporaneidade entrelaçadas pelas mídias, o que nos remete ao estudo das mesmas para analisar os processos identitários e as representações sociais. Calcados por esta premissa, conduzimos as dissertações de nossos orientandos e nossos próprios projetos de pesquisa.

A intenção inicial era a de motivar a participação de nossos orientandos em grandes discussões temáticas, inserindo-os no universo da pesquisa e, ao mesmo tempo, ampliando a discussão teórico-conceitual restrita de cada projeto. Para isto, passamos a desenvolver reuniões mensais, nas quais discutíamos questões e textos previamente propostos. Estas reuniões originaram artigos individuais, que passaram a ser discutidos e comentados no grupo, ampliando o arcabouço teórico originário. O resultado final está organizado no texto ora apresentado.

O livro, como seu próprio nome indica, tem como fio condutor a discussão sobre as representações; estas são pensadas e articuladas a partir de dois grandes eixos: as representações identitárias: nossos personagens; e as representações do espaço urbano: nossos lugares. Os dois aspectos tornam-se importantes objetos de estudo na contemporaneidade. Com os movimentos da globalização (tema muito amplo, aqui só citado) assistimos a um contínuo processo de desterritorialização (CANCLINI, 2006), provocando questionamentos sobre as novas características do lugar, seja na análise das características físicas e materiais do espaço urbano, seja na reflexão sobre o papel do lugar, como esfera de constituição de sentidos (AUGÉ, 1994). Esta mesma desterritorialização afeta o sujeito; este passa a receber influências contínuas e diversas, constituindo o que Hall denominará de identidades híbridas (HALL, 2003) mostrando-se, ao mesmo tempo, livre e sobrecarregado. Livre, por estar liberto das amarras da coletividade, e sobrecarregado, pois seu futuro é responsabilidade exclusivamente sua; isto provoca o que Giddens denomina de reflexividade (GIDDENS, 2002), ou seja, processos contínuos de revisão do ser, levando-nos à ponderação sobre as possibilidades e especificidades da identidade hoje, seja ela individual ou coletiva. Notamos, então, que lugares e personagens estão em trânsito, bem como suas representações.

* * *

Começamos com a reflexão sobre a cidade de São Paulo. O artigo “Facetas da esfera pública contemporânea através das representações midiáticas do espaço urbano" traz uma abordagem mais teórico-conceitual sobre o espaço urbano, sem se debruçar sobre um aspecto específico da cidade; a intenção é a de refletir sobre a esfera pública contemporânea, fazendo emergir suas formas de visibilidade e seus processos de interação que se constituem cada vez menos pela vivência coletiva, pelos contatos presenciais. Aqui, as mídias assumem papel prioritário na conformação das referências sociais, tecendo características específicas de uma noção de esfera pública própria da contemporaneidade.

Três outros artigos focam suas análises na discussão sobre o espaço urbano, tendo a cidade de São Paulo como referência. O primeiro "Transformações urbanas e imaginário: a cidade de São Paulo sob a visão de três grandes fotógrafos" analisa as imagens fotográficas da cidade a partir do olhar de três fotógrafos de épocas distintas. A cidade é narrada em suas características e mudanças, expondo o imaginário de cada fotógrafo no diálogo com o lugar e com a construção da imagem técnica já produzida anteriormente. Constituem-se, neste processo, diferentes condições de representação do lugar.

O texto "Do lugar ao não-lugar: um olhar midiático sobre o centro histórico de São Paulo" também traz um percurso de construção e reconstrução do lugar, tomando a cidade continuamente como meio e mídia. Ao apresentar uma visão diacrônica da cidade ao longo do século XX, propõe a observação das mudanças arquitetônicas e urbanísticas, bem como diferentes imagens criadas sobre a mesma, construídas através de textos poéticos que cantam a cidade. O texto, contudo, prioriza o contexto contemporâneo de desmontagem dos vínculos pela constituição de não-lugares, através da análise do processo de "desconstrução" do Centro Histórico de São Paulo.

"Reconfiguração urbana: a esfera pública modificando a comunicação midiática de São Paulo" parte de uma ação política, a Lei Cidade Limpa, para discutir as modificações ocorridas tanto no espaço urbano quanto na utilização das mídias neste mesmo espaço. O texto aborda e reflete sobre a aparência da cidade e discute as novas configurações de comunicação no espaço urbano.

Os dois próximos textos abordam o espaço e suas representações de outro modo. A discussão não é mais sobre o espaço urbano. Assim, no texto "Sociedade de consumo: representações da sustentabilidade na propaganda" o lugar é pensado a partir do recorte de uma questão que se torna emergencial para sua própria existência: a sustentabilidade. Este tema é proposto inserido na lógica do consumo que alinhava as interações contemporâneas e é discutido através da análise da construção das representações sobre o mesmo na propaganda veiculada pela mídia impressa.

Por fim, o último texto relacionado às reflexões sobre o lugar, torna-se uma transição para as discussões sobre os personagens, pois foca, ao mesmo tempo, na especificidade do lugar virtual e nos processos de representação do jovem neste espaço tão contemporâneo. "Uma reflexão sobre a geração 'C'" traz, em primeira instância, a lógica da modernidade líquida, constituída pela velocidade neste novo local e reflete como estes aspectos condicionam novas formas de interação e especificidades dos processos de representação.

Para desenvolver o eixo "representações identitárias: nossos personagens" apresentamos quatro artigos ao longo dos quais são analisados: os deslocamentos de personagens ficcionais e suas decorrentes crises de pertencimento (e, portanto, de identidade) nos suportes impresso e fílmico; as mudanças de papéis sociais de personagens femininas em duas produções audiovisuais e intertextuais e, finalmente, a maneira como o índio migrou da condição de personagem na mídia cinematográfica para autor no mundo virtual.

O artigo "*De Sonhos tropicais*, o romance, a *Sonhos tropicais*, o filme", que abre esta seção do livro, compara o filme de André Sturm (2002) e o romance homônimo de Moacyr Scliar (1992). Em ambas as versões foram analisados os tipos de narrador e as estratégias utilizadas para conferir dramaticidade a Esther, que procura se ressignificar quando se instala no Brasil, vinda da Europa Central, seu lugar de origem. Também foram analisados movimentos de câmara em algumas sequências fílmicas e descrições de trechos do livro para encaminhar a discussão sobre dois conceitos fundamentais para pensar a questão da identidade nos tempos atuais, segundo Manuel Castells: a noção de tempo e espaço.

Dando sequência à comparação livro e filme, o texto "*A Hora da estrela* – romance e filme", partindo dos teóricos Zygmunt Bauman e Manuel Castells, analisa a representação e a configuração identitária da protagonista Macabéa, que sai do nordeste para viver no Rio de Janeiro (no romance de Clarice Lispector, 1977) e em São Paulo (no filme de Suzana Amaral, 1985), em seus momentos epifânicos.

Em "A representação da construção da identidade feminina nos produtos midiáticos: *The Stepford Wives* (1975) e *Desperate Housewives* (2004)", a autora, tomando como suporte teórico Manuel Castells e Stuart Hall, demonstra que, ao longo dos quase trinta anos que separam estes dois produtos midiáticos e intertextuais, a mulher ocidental burguesa passou por significativas mudanças de papéis sociais e de identidades.

Fechando o livro, o artigo "Da tela do cinema à tela dos computadores", é organizado em duas partes: na primeira, Robert Stam e suas categorias de "índio primitivo", "índio documentado", "índio patriótico" e "índio tecnizado" são o ponto de partida para a análise da representação dos índios na mídia cinematográfica. Na segunda, páginas do *site* em que o índio se representa por si mesmo são apresentadas ao leitor, com grande número de imagens e de comentários críticos.

* * *

Os dez artigos aqui apresentados não esgotam os dois eixos sobre os quais o livro se organizou. Ao contrário: são apenas os primeiros resultados de um grupo de pesquisadores que entendem que o esvaziamento da relação tempo-espaço afeta os sujeitos, gerando crises de identidade, e que a mídia (impressa, fílmica, fotográfica, digital), onipresente em nossa cultura cotidiana, é que dá o suporte para, de forma velada ou explícita, reforçá-las ou amenizá-las. Por isso mesmo é que a tarefa de problematizar a inserção da mídia na vida social requer uma atuação permanente. O livro em suas mãos é apenas um começo... e um convite.

Barbara Heller & Carla Reis Longhi

Parte I
Lugares

Facetas da esfera pública contemporânea através das representações midiáticas do espaço urbano

Carla Reis Longhi

Doutora em História pela Universidade de São Paulo (USP). Docente do Programa de Mestrado em Comunicação da Universidade Paulista (UNIP) e da Pontifícia Universidade Católica de São Paulo (PUC/SP). Líder do Grupo de Pesquisa "Mídia, Cultura e Política: identidades, representações e configurações do público e do privado no discurso midiático", cadastrado no CNPq.

Propomos um objeto fluido, composto de facetas permeáveis e líquidas, de difícil delimitação. Falamos de que, quando nos referimos à esfera pública contemporânea? Como esta se constitui e que dinâmicas possui? Ao utilizarmos um conceito como eixo de análise, no caso o conceito de esfera pública, não estaríamos nos distanciando da especificidade de nosso objeto, em sua segunda face, ou seja, a cidade vivida? Ao mesmo tempo, falamos de que cidade? É a São Paulo das mídias? É a São Paulo do imaginário, cantada em muitas músicas ou perpetuada nas imagens poéticas? É a São Paulo dos jovens, das diferentes tribos urbanas? De um bairro, muitos bairros? Do olhar de passagem? Da imagem econômica, política? Muitas questões estão postas ao propormos a correlação do conceito de esfera pública com a vivência da metrópole, no contexto contemporâneo, e, apesar do enorme risco de incorrermos em banalizações e superficialidades, próprias da complexidade do tema, assumimos o risco, com o intuito de iniciarmos uma discussão. Assim, não temos a pretensão de esgotar o tema, mesmo porque este texto apresenta as reflexões preliminares de um projeto em andamento. Aqui[1], discutiremos algumas questões conceituais sobre a esfera pública e algumas delimitações temáticas ao tomarmos o tema das culturas urbanas. O projeto citado, ora em processo, prevê um mergulho nas especificidades desta grande metrópole.

Por que propomos a discussão sobre o espaço urbano, em contexto midiático, à luz do conceito de esfera pública? Porque entendemos que a discussão conceitual nos ajuda a ultrapassar as perspectivas óbvias, facilmente dadas, sobre os modos de vida contemporâneos, nos ajudando a observar aspectos muitas vezes obscuros, outras vezes inconscientes. Mas precisamos delimitar o conceito. Do que falamos quando nos referimos à esfera pública? Entendemos que discutir sobre ela, é refletir sobre as formas de interações sociais/políticas existentes em cada contexto histórico. Isto significa dizer que este conceito é dinâmico e permite o desnudamento de estratégias sociais, discursos políticos e relações com o espaço no qual ocorrem

1 Este texto tem como base o artigo publicado LONGHI, C. R. Espaço urbano e representações midiáticas: tessituras da esfera pública contemporânea. In: *XXXII Congresso Brasileiro de Ciências da Comunicação*, 2009.

as interações. Ao mesmo tempo, ele pressupõe a existência de vários aspectos correlacionados, necessários a uma reflexão mais aprofundada, como a análise das interações entre o público e o privado, as formas e sentidos da visibilidade buscada, os significados do mundo do trabalho na constituição do conceito, etc. Neste texto, estabelecemos um recorte específico para a análise do tema. Propomos a discussão sobre a esfera pública contemporânea, buscando analisar as características do espaço urbano para a análise da mesma, bem como o papel das mídias nesta elaboração; ao ponderarmos sobre o papel das mídias, estamos analisando o sentido de visibilidade constituído. Embasamos nossa reflexão inicial sobre a esfera pública[2] em Hannah Arendt:

> É em relação a esta múltipla importância da esfera pública que o termo 'privado', em sua acepção original de 'privação', tem significado. Para o indivíduo, viver uma vida inteiramente privada significa, acima de tudo, ser destituído de coisas essenciais à vida verdadeiramente humana: ser privado da realidade que advém do fato de ser visto e ouvido por outros, privado de uma relação 'objetiva' com eles decorrente do fato de ligar-se e separar-se deles mediante um mundo comum de coisas, e privado da possibilidade de realizar algo mais permanente que a própria vida. A privação da privatividade reside na ausência de outros; para estes, o homem privado não se dá a conhecer, e, portanto é como se não existisse. O que quer que ele faça permanece sem importância ou conseqüência para os outros, e o que tem importância para ele é desprovido de interesse para os outros. (ARENDT, 2000, p. 68)

Atentemos para três importantes aspectos propostos pela autora. A esfera pública garante a condição "de ser visto e ouvido por outros", possibilita "a condição objetiva da vida" ou como a própria

2 A noção de público e suas implicações já vêm sendo discutidas por esta autora em outros textos. Neste momento, sua relevância está em demonstrar as conexões desta discussão com o papel assumido pelo espaço urbano.

autora coloca, se não é visto e ouvido é como se não existisse, além de possibilitar a realização de "algo mais permanente que a própria vida". Nossa reflexão situa-se na análise dos dois primeiros aspectos.[3] Antes, contudo, gostaríamos de situar a questão do privado no contexto desta reflexão. O tema não será abordado, mas é parte constitutiva do próprio conceito de público. Podemos ver pela citação da autora, que as duas esferas só existem em sua própria correlação, mas as formas de correlação se modificam ao longo do tempo. Notamos que no contexto originário grego dois aspectos estavam pressupostos: a noção de privação e consequentemente um entendimento específico de liberdade. Só ascendia à esfera pública aqueles considerados cidadãos, o que significava dizer: homens, nascidos no território, detendo uma propriedade. A estes estava concedida a liberdade, que significava o direito de não estar submetido a ninguém e poder agir independentemente das necessidades da vida, daí o sentido de privação para os que estavam fora deste limite. Estes dois aspectos sofrem profundas transformações numa leitura diacrônica. Habermas (1984) foi muito habilidoso, em seus textos, em demonstrar o gradativo processo de decomposição dos limites destas duas esferas ao longo da estruturação das sociedades burguesas. Nestes, a esfera privada, de ambiente de privação passa à ambiente de proteção e aconchego, ganhando, assim, uma forte positividade. Neste percurso, a esfera pública não está mais associada a uma noção de liberdade, perdendo sua amplitude e boa parte de seu sentido, pois a própria noção de política se esvaziou. Hoje, não podemos mais estabelecer estas distinções nítidas entre público e privado e para os dois autores citados, isto é uma especificidade de nossa contemporaneidade.

Comecemos, portanto, por aprofundar a ideia de público. Segundo nossa autora, a concepção de público comporta dois pensamentos importantes, correlatos, mas não iguais:

> Uma vez que a nossa percepção da realidade depende totalmente da aparência, e portanto da existência de uma esfera pública na qual as coisas possam emergir

3 Para a análise das características da visibilidade na contemporaneidade, ver outros artigos desta autora.

> da treva da existência resguardada, até mesmo a meia-luz que ilumina a nossa vida privada e íntima deriva, em última análise, da luz muito mais intensa da esfera pública. (ARENDT, p. 70)

O primeiro diz respeito à condição de aparência intrínseca à esfera pública. Esta, com sua iluminação própria possibilita, ao usarmos nossos sentidos, constituir significados sobre o que vemos, ouvimos e pensamos, garantindo a própria realidade.A autora demonstra que as características próprias da esfera privada não podem ser tornadas públicas, em função de sua condição; quando temos um sofrimento profundo, a perda de alguém, por exemplo, jamais conseguiremos expressar a totalidade de nosso sentimento, pois os outros não podem sentir por nós e isto é próprio da privatividade do ser, mas podem pensar conosco, podem constituir e expressar valores comuns. Assim, é nesta esfera que podemos ver e sermos vistos, delimitando um campo de elementos comuns a todos e, constituindo a partir deste, nossas referências sobre o real, aspecto este apontado a seguir, quando a autora demonstra que a realidade é aquilo que ascende a esta esfera, pois é, por um lado, atestado por todos e por outro lado, é o âmbito em que definimos o nosso lugar em relação aos outros e ao todo.

> Em segundo lugar, o termo 'público' significa o próprio mundo, na medida em que é comum a todos nós e diferente do lugar que nos cabe dentro dele. Este mundo, contudo, não é idêntico à terra ou à natureza como espaço limitado para o movimento dos homens e condição geral da vida orgânica. Antes, tem a ver com o artefato humano, com o produto de mãos humanas, com os negócios realizados entre os que, juntos, habitam o mundo feito pelo homem. Conviver no mundo significa essencialmente ter um mundo de coisas interposto entre os que nele habitam em comum, como uma mesa se interpõe entre os que se assentam ao seu redor; pois, como todo intermediário, o mundo ao mesmo tempo separa e estabelece uma relação entre os homens. (ARENDT, p.62)

Estas duas ideias são, do nosso ponto de vista, inerentes a qualquer contexto histórico, logo, definidoras da ideia de público; assim, para ser público precisa atingir a condição de visibilidade e quando o faz, adquire *status* de realidade. Além disto, são ideias-chave para se pensar a contemporânea constituição de uma esfera pública. Isto porque a autora destaca a necessidade humana de concretização de sua existência através da visibilidade. Só com a confirmação do outro, de sua própria existência, que o homem pode vislumbrar sua materialidade e seu lugar no mundo (individual e coletivo). Esta constatação nos leva a duas proposições: o modo como os homens buscam se tornar visíveis e o espaço onde instituem a visibilidade.

O primeiro aspecto nos remete ao modo de comprometimento de cada um nas interações sociais. Talvez por isto, Arendt tenha tido a preocupação de analisar os constituintes do que ela denominou de Vita Activa, ou seja, as formas de inserção na vida coletiva. Esta é composta de três instâncias: a Ação, o Trabalho e o Labor. Procuraremos explicá-las incorrendo no risco da generalização, já que o aprofundamento de cada aspecto obrigaria à análise de contextos específicos de organizações sociais. Para a autora, enquanto a Ação indica o comprometimento do homem com o coletivo através da participação direta, intensa e contínua nos assuntos políticos, decidindo sobre todas as instâncias da organização política, através da negociação diária, experiência típica da Grécia antiga, o Trabalho indica a permanência do Homem através da produção material; aqui o Homem também se insere coletivamente, na busca do bem-estar social através da produção e das condições de produção, organização típica dos séculos XVI, XVII e XVIII. Em ambos há, ao mesmo tempo, a construção de um sentido que é sempre coletivo, tanto na preocupação com a existência quanto na preocupação com a imortalidade, através do questionamento sobre o legado deixado. O Homem da Ação busca a excelência, ou seja, sua imortalidade através dos resultados de sua obra, sabendo, então, que seu legado é a existência da própria comunidade, através das decisões tomadas, o que intensifica sua responsabilidade sobre o coletivo, e o Homem do Trabalho entende que o resultado de seu esforço é duplamente coletivo, pois por um lado, aumenta e melhora as condições materiais de existência e, por outro, reforça os vínculos dos setores produtivos melhorando suas condições de trabalho, fato relacionado também ao legado deixado, pois o resultado material é fruto de sua existência individual (este pensamento é anterior à segunda revolução industrial, que inseriu a divisão do trabalho com a utilização de maquinários que passam a definir o tempo e a lógica do processo produtivo). O caráter coletivo destas inserções reforça, de modos diferentes, os vínculos sociais. Enquanto o primeiro se faz na constituição da palavra, do discurso, na relação obrigatória com o outro, o segundo aparece através de um fazer construído ou pelos tipos de corporações de ofícios ou por comunidades que constituem sua existência através de um fazer artesanal especializado e único, demonstrando que ambas tem vínculos comunitários originários. Arendt percebeu, em sua análise diacrônica, uma gradativa transferência da atividade da Ação (contexto grego) para o Labor (contexto contemporâneo), já tendo passado pelo Trabalho (primeiras fases da Modernidade).

No contexto do Labor, os laços são mais fluidos. Isto se dá em função de dois aspectos imbricados, que passamos a discorrer. Consideremos, primeiro, o sentido da palavra labor que também significa trabalho, mas um tipo de trabalho que não resulta num produto mais permanente que o próprio Homem; é o resultado da necessidade, da busca da própria sobrevivência que num primeiro viés aparece na preocupação com o alimento, com o risco da morte e, num segundo viés, aparece na preocupação exagerada com a própria individualidade, por exemplo, na busca desenfreada pela realização material ou pela felicidade oferecida pela propaganda. Aqui, a fluidez está no fato da invisibilidade da ação humana, pois este homem não deixará nada, além da sua própria existência. Assim, o segundo aspecto (já apresentado) é o próprio foco destacado por esta instância, dependente e autocentrado, pois parte da necessidade, da busca pela sobrevivência, seja ela material ou emocional. Um exemplo explícito é a noção contemporânea de 'notoriedade'. A figura 'notória' contemporânea é a celebridade. O que esta carrega além da extrema capacidade e necessidade de se manter visível? Nada, pois não contém um caráter coletivo, no sentido de representar uma liderança ativa e carregar a responsabilidade por uma determinada moralidade. Queremos com isto indicar que as sociedades que elegem o Labor como forma de interação social não priorizam nem o seu legado, nem o coletivo, pois se centram na busca da realização individual, durante a própria existência. Vários são os motivos e condições que provocaram estas distinções e, apesar de não ser este o nosso foco, podemos afirmar que a contemporaneidade elegeu o Labor como prioridade, fato este que esclarecerá os sentidos de visibilidade construídos. Antes, contudo, de analisarmos este aspecto, gostaríamos de discutir sobre outro importante condicionante: as configurações do espaço.

Partimos do pressuposto de que o espaço é elemento intrínseco da esfera pública e que o espaço urbano, delimitado e definido, pode ser um componente da mesma tendo, contudo, especificidades próprias do contexto específico do qual faz parte. Dependendo do momento histórico, o espaço urbano é elemento primordial da constituição desta esfera, como era o caso da polis grega, onde era pela presença na Ágora que o cidadão se fazia ver e ouvir e constituía suas referências comuns. Também foi elemento primordial na constituição da esfera pública burguesa, em seu início, denominada de esfera pública literária, constituída através das interações culturais que ocorriam nos espaços dos cafés. A observação da tipologia do espaço auxilia na percepção das formas de interação e, por isto, propomos uma pequena reflexão sobre o espaço urbano, estabelecendo como referência, o espaço urbano da cidade de São Paulo. Queremos, por um lado, caracterizar alguns aspectos considerados primordiais neste espaço para, por outro lado, analisar as características da esfera pública contemporânea.

São Paulo tem características comuns às grandes metrópoles, refletindo condições que são próprias desta modernidade líquida (BAUMAN, 2007). Com isto, temos como pressuposto a configuração de um modelo social pautado pela velocidade, propiciada pelas novas tecnologias de informação, criando a condição para os setores econômicos de estabeleceram relações comerciais, produtivas e financeiras sem necessariamente construírem relações simbólicas e, consequentemente, sem a pressuposição da responsabilidade social. Estas condições modificam as relações de autoridade e mando, bem como as interações com o espaço urbano. Conjuntamente com estes fatores, temos a questão propriamente demográfica. Cidades com este perfil cresceram desmesuradamente no último século e isto trouxe, certamente, fortes consequências para a configuração de seu espaço urbano. O adensamento populacional associado aos fatores econômicos, tecnológicos e políticos, no contexto da modernidade líquida, gera problemas de ordens distintas e propomos a discussão de dois aspectos relacionados ao mesmo enfoque: a reflexão de teóricos sobre esta problemática e algumas proposições de solução urbana.

Canclini (2002) percorre a proposição de diferentes teóricos[4] e conclui que o elemento priorizado ao se tomar esta problemática foi a necessidade de circulação; a cidade precisava ter mobilidade e o aumento populacional excessivo gerava a criação de estratégias para isso. "Que circulem! Isso justificará o fim das praças, as obras para endireitar becos, ampliar e interligar as avenidas. O que se perder neste processo, será lucro do ponto de vista do fluxo" (MARTÍN-BARBERO apud CANCLINI, 2002 , p. 42). Como colocado pela crítica de Martin-Barbero, a rua perde sua função de sociabilidade e o fluxo, que faz a cidade não parar, dificulta as interações sociais. No discurso da circulação, a mobilidade, lida também como atomização, é reforçada pela presença gradativa e contínua de novas tecnologias da informação, agora na versão dos equipamentos de convergência midiática, que alteram a relação de qualquer pessoa com o espaço que frequenta ou percorre. Estas tecnologias aprofundam o já contínuo processo de desterritorialização e consequente desenraizamento social, criando o que Lemos denominou de 'territórios informacionais':

> Por territórios informacionais compreendemos áreas de controle de fluxo informacional digital em uma zona de interseção entre o ciberespaço e o espaço urbano. O acesso e o controle informacional realizamse a partir de dispositivos móveis e redes sem fio. O território informacional não é o ciberespaço, mas o espaço movente, híbrido, formado pela relação entre o espaço eletrônico e o espaço físico. (LEMOS, 2007, p. 128)

4 Retoma proposições de Castells, Piccini e Martín-Barbero.

Este tipo de realidade cria novas formas de interação com o espaço e consequentemente com as pessoas, destituindo este mesmo espaço de todas as suas anteriores funções de integração social. Assim, mesmo que diferentes pessoas estejam frequentando um espaço comum, como um parque por exemplo, o fazem estabelecendo contato com grupos ou pessoas que ali não se encontram, através de seus *lap tops* ou celulares com convergência digital. O espaço comum passa a ser estabelecido à mercê do espaço urbano, criando o que o autor denominou de 'territórios informacionais'.

Para Lipovetsky (1991) o problema está em atomizar a cidade. Em seu entender, as antigas formas de organização urbana que continham, em uma mesma rua, estabelecimentos públicos e privados, comerciais de diferentes setores, garantiam a circulação de diferentes grupos sociais e o contato aleatório, criando possibilidades de interações sociais informais. As novas configurações urbanas, que procuram responder à necessidade de fluxo e segurança, circunscrevem setores produtivos em áreas restritas, inviabilizando o contato aleatório. Vemos este modelo em diferentes projetos urbanísticos.

Como indica Abrahão (2008), em 1993, o Congresso para o Novo Urbanismo ocorrido em Chicago propôs uma nova concepção urbanística que, se por um lado tinha como intenção oferecer soluções que recuperassem a vida com características comunais, por outro lado, acabou contribuindo para a disseminação de modelos fechados e autocentrados, favorecendo a geração dos bairros planejados, tais quais algumas versões brasileiras como os projetos de Alphaville, Tamboré, etc. Encontramos semelhanças nas proposições de centros comerciais e de lazer fechados e controlados tais quais os *shoppings centers*, os parques temáticos, etc.

O discurso da necessidade de mobilidade aliada à busca de um suposto conforto e segurança favorecem o esvaziamento do espaço urbano de grandes metrópoles como São Paulo, dispersando as pessoas em circulações rápidas e concentrando-as em ambientes com ideologias previamente estabelecidas e proposições de padrões de comportamentos homogeneizantes e controlados. Um *shopping* estabelece a *priori* o sentido de sua ocupação e reforça-o através de sua organização interna; o objetivo é o de comprar, o que inviabiliza a criação de espaços de uso aleatório e estes, quando existem, como é o caso das praças de alimentação, constituem-se à partir da lógica do fluxo, da mobilidade e do consumo. Assim, a cidade é atomizada, segregando os diferentes grupos sociais em ambientes moldados às suas próprias características; neste processo, anula-se o conflito natural e necessário às interações sociais, definindo novos modelos de sociabilidade que não pressupõem a existência do outro e os grupos que se amontoam em função das proximidades socioeconômicas o fazem gestados pela lógica exterior ao próprio grupo imposta para a ocupação do espaço. O mesmo homem, que segundo Bauman (1999), opera suas atividades financeiras sem tomar contato com o lugar, desonerando-se das responsabilidades, viaja pelo mundo hospedando-se em não-lugares (AUGÉ, 1994), e, circulando pelos espaços como turista, mora em condomínios fechados sem contato com outros grupos sociais de sua própria cidade. Concomitantemente, ocorre um processo de fragmentação urbana, advindo tanto da atomização descrita e das possibilidades propostas pelas novas tecnologias quanto pelo crescente adensamento urbano que inviabiliza a leitura sobre a cidade. O morador da cidade e o visitante perdem a capacidade de compreender a cidade em sua totalidade. Esta se constitui e se mostra fragmentada:

> Do passeio do flâneur que reunia informações sobre a cidade para depois transferi-las às crônicas literárias e jornalísticas, passamos em cinqüenta anos, ao helicóptero que sobrevoa a cidade e oferece a cada manhã, através da tela do televisor e das vozes do rádio, o panorama de uma megalópole vista em conjunto, sua unidade recomposta por quem vigia e informa. (CANCLINI, 2002, p. 41)

O trecho acima é elucidador: a fragmentação, característica de nossa contemporaneidade leva à necessidade de meios que gerem imagens de totalidade, no caso, constituídos pelas mídias massivas. Isto indica, por um lado, a necessidade humana de buscar compreensões em imagens totalizadoras, que seriam as referências sobre o que é comum, o que constitui a realidade para a maioria e, por outro lado, apresenta o papel que as mídias massivas assumem na constituição das referências sobre este público, então, sobre a realidade e, logo, sobre o próprio homem. Vemos que a forma como a cidade se organizou levou à necessidade de criação de novos processos de mediações para a leitura sobre a mesma. Esta circunstância gera desdobramentos e estes se relacionam ao papel assumido pelas mídias e ao significado de se construir referências sobre a realidade a partir de representações.

A discussão sobre o papel das mídias precisa ser aprofundada, para não criarmos a falsa conclusão de que o simples fato de necessitar delas, gera as circunstâncias já indicadas. As mídias são formas de mediação e de construção de referências identitárias. Seu papel é crucial na disseminação de referências materiais e simbólicas. É sempre bom retomar Habermas, quando discute o nascimento da primeira mídia massiva: o jornal impresso. Nesta reflexão, o autor demonstra o importante papel assumido pelos jornais impressos na constituição das referências simbólicas de um grupo social específico: a burguesia

> Ao mesmo tempo, essas novas revistas estão ligadas tão intimamente com a vida dos cafés que ela poderia ser reconstruída através de cada número. Os artigos de jornais não só são transformados pelo público dos cafés em objeto de suas discussões, mas também entendidos como parte integrantes deles; isto se mostra no dilúvio de cartas, das quais os editores semanalmente publicavam uma seleção [...] Também a forma de diálogo, que muitos artigos mantém, testemunha a proximidade da palavra falada. Transporta para um outro meio de comunicação, continua-se a mesma discussão para, mediante a leitura, reingressar no meio anterior, que era a conversação. (HABERMAS, 1984, p. 59)

De valores reproduzidos, a burguesia passou a constituir e disseminar seus próprios valores e isto ocorreu com a ajuda deste instrumento essencialmente burguês: a mídia impressa. O homem burguês, que lia os romances, os folhetins, os jornais, buscava nos salões a reflexão sobre o seu pensar, mediado pela publicação das ideias circulantes. Desta forma, a proliferação dos meios de comunicação garantiu a constituição de um aparato que percebesse e propagasse as ideias propostas. Neste momento, este público se caracterizava, ainda, como um público produtor de cultura. O jornal impresso se caracterizava, essencialmente, como mediador cultural e através dos debates, a reflexão se constituía caminhando da palavra falada à escrita e vice-versa, em debates que se estendiam por várias edições. A comunicação variava da mídia primária à mídia secundária, pois tanto ocorria de forma presencial como também mediada por suportes transportáveis, no caso, o jornal. Assim, a necessidade de visibilidade, que naquele momento garantiu a constituição das referências identitárias, possibilitou a configuração de uma esfera específica de representação social. Era uma esfera que não era pública nem privada e se constituiu no intuito de possibilitar o ato comunicativo e, através de toda a riqueza que este comporta (gestos, comportamentos, vestimentas, etc.), a constituição de referências simbólicas, interligando público e privado. Assim, para garantir a visibilidade por um lado, e a representação, por outro, ou seja, para criar uma 'liga' contínua entre emissor e receptor, houve a proliferação dos jornais impressos e das revistas originando, neste percurso, a prática da opinião pública, 'coesão', efetivada no espaço público não político.

Podemos perceber a permanência quanto à necessidade de visibilidade, pois, como viemos fundamentando ao longo do texto, esta é fundamental para a constituição dos processos de representação, necessários à constituição dos imaginários sociais. Contudo, notamos a diferença gritante quanto ao modo de constituição destas representações. O próprio autor, em seu texto, demonstra o longo e contínuo processo de transformação do jornal de bem cultural para produto de consumo. Nesta passagem, temos o esvaziamento do papel do leitor como produtor de cultura; aos poucos, torna-se apenas consumidor de um produto cada vez melhor embalado. Não pretendemos aqui discutir sobre esta questão, mas apenas apontá-la, lembrando ao leitor que as mídias massivas, que hoje cumprem o papel de reconstituir esta totalidade imagética sobre o espaço público, é regida por interesses mercadológicos e político-ideológicos, construindo discursos sobre esta mesma cidade:

> A imprensa contribui para a imagem de uma cidade massiva, cujas particularidades se concentram no centro histórico ou em outras regiões centrais. Às vezes, os jornais publicam informações sobre lugares pouco conhecidos, mas com maior freqüência, principalmente em fotografias, mostram cenários facilmente identificáveis, que tendem a reproduzir saberes convencionais. Estamos, portanto, diante de um meio que oferece mais elementos discursivos que outros para refletir sobre a cidade e elaborar a condição do cidadão, mas que não contribui para expandir a visão sobre a cidade em uma proporção comparável ao crescimento de seu território e sua complexidade. A despeito da ênfase sobre a novidade e, em alguns jornais, sobre o insólito, a maioria termina por concentrar-se no conhecido [...] a maioria insiste no habitual, prolongando estereótipos formados historicamente. (CANCLINI, 2002, p. 45)

Vemos, então, que as mídias massivas em geral, e aqui o jornal impresso em particular, acabam por simplificar ou homogeneizar uma imagem de cidade. O que os jornais fazem é apagar os campos de força ou mediações e salientar um tipo de significação ou imagem da cidade. Ulpiano Meneses (2006) nos mostra que as cidades são artefatos ou meios, na fala de Ferrara (2008), que se expressam pela sua própria materialidade (construções, materiais utilizados, formas, cores, texturas...). Estes artefatos compõem significados que expressam as características da cidade e de seus moradores, seu jeito de ser, ou suas imagens, mídias na construção de Ferrara.

> Nessa mimese ou paráfrase, a cidade se repete e se sincroniza através de diversas tecnologias, meios e, sobretudo, outras mídias. Situando-se entre mídias, a cidade é um eixo gerador de uma midiologia cuja lógica é, de um lado, responsável pela sua presença constante

> como base temática em várias mídias e sobretudo naquelas de massa e, de outro lado, promove o diálogo entre as mídias que nela atuam e com ela interagem estabelecendo-se, entre elas, uma intensa economia persuasiva. (FERRARA, 2008, p. 46)

Estas imagens ganham autonomia em função de sua ampla visibilidade e intensiva propagação, repetida e alimentada pelas diferentes mídias. Como discutido ao longo do texto, o que se faz ver e ouvir torna-se comum, identificado pela maioria e, logo, a própria realidade, constituindo ou alimentando, então, o imaginário social. E como coloca Ferrrara:

> Nesse caso, paisagem não é cenário, ao contrário, é agente de uma dinâmica cultural que, enquanto mídia, elimina as dimensões perceptivas que distinguem visualidades para atuar como controle de um modo de ver programado à distância pelos veículos de comunicação de massa, para ser fruída em doses homeopáticas e comprimidas em porções ou pedaços metomínicos da cidade selecionados para valer pelo todo e, portanto, mais retórica visual do que paisagem propriamente dita. (Ibid, p. 47)

Este processo instiga uma leitura sobre a cidade, imposta e recomposta na contínua reprodução e proliferação em outras mídias. Como indica Ferrara, torna-se retórica. Contudo, não anula os campos de força, apenas constrói um discurso que omite o eixo central das interações sociais: os conflitos e a vitória de determinados grupos sobre outros na prevalência de sua memória, como imagem e quiçá como história. Ulpiano por um lado e Ferrara por outro, apesar de não serem autores que dialogam entre si, constatam os mesmos aspectos: por detrás de uma história construída há um campo de forças a ser recuperado ou em outras palavras, atrás das imagens que as mídias constroem continuamente sobre a cidade, instituindo determinadas referências há um campo de mediações que é relacional, pois constituído da interferência mútua entre usuário e cidade. Mas, como colocado, há a prevalência de uma composição de imagens, continuamente repetida, buscando confirmar e reforçar um imaginário social coerente e ajustado aos interesses predominantes. Estas imagens acabam, pela insistência, constituindo as referências socialmente comuns, reforçando uma noção de realidade.

Desta forma, buscamos demonstrar que as características urbanas de uma cidade como São Paulo são, por um lado, complexas, pois se constituem de muitos contrastes e relações de força, mas por outro lado, foram sendo transformadas de modo a inviabilizar os espaços físicos de interações sociais. Isto, aliado ao papel já analisado das mídias massivas, nos faz concluir que a esfera pública que permeia esta cidade é constituída primordialmente pela imagem, na costura das imagens midiáticas. Estas imagens são, muitas vezes, representações que se distanciam tanto da realidade narrada, chegando a se tornar simulacros. Além disto, ao abordar a temática das representações constituídas essencialmente de imagens, resvalamos na questão da 'descorporização' do homem no processo de interação social. Esta questão, é aqui só indicada, mas mostra-se fundamental em qualquer reflexão sobre este tema.

Enfim, não é possível pensar sobre a configuração desta esfera pública sem ponderar sobre as características qualitativas de nosso planejamento urbano, sem considerar as formas de apropriação do processo de constituição das imagens sobre a sociedade, neste caso, sobre o espaço urbano e, por fim, sem considerar os sentidos assumidos pelos sujeitos que buscam a visibilidade social e que são reconhecidos como sujeitos de representação desta mesma sociedade, no caso, a figura da celebridade, que reforça a análise sobre a prevalência do Labor, expressa num sujeito que apresenta como objetivo primordial sua própria exposição, sem legado e sem responsabilidade social. A esfera pública contemporânea, então, se constitui no espaço virtual, construindo um sentido de visibilidade que comporta as especificidades expostas. Por um lado, descorporifica o sujeito, reforçando continuamente seu desvínculo com o espaço físico e sua atomização em relação ao outro. Neste processo, ao privilegiar a imagem, acaba por possibilitar a construção de representações sobre o real que se distanciam das complexidades próprias deste mesmo real, homogeneizando imagens e obscurecendo os conflitos. Neste caso, entendemos que só dominando a produção midiática é que os vários grupos poderão se fazer representar, através da aparência no espaço de visibilidade; este percurso poderia viabilizar um espaço de representação que, por um lado, comportasse os conflitos e por outro, viabilizasse novas referências simbólicas. Neste processo, talvez, o sentido de 'notoriedade' mudasse deixando de privilegiar o Labor, condição esta que favorece a intensificação contínua do individualismo excessivo pautado pela lógica da busca frenética da felicidade sensorial, e favorecesse a constituição de novos sentidos coletivos, mais vinculativos. Assim, entendemos que as questões-chave colocadas para as características da esfera pública contemporânea não sejam, por um lado, exatamente a diluição do espaço urbano como cenário das interações sociais, mas como este espaço expressa a falta de vinculações sociais e, por outro lado, o fato de nos apresentarmos por imagens, mas como este processo nos distancia das complexidades colocadas, reforçando a inviabilidade da apresentação das interações sociais como aspecto comum, visto e ouvido por todos.

REFERÊNCIAS

ABRAHÃO, Sérgio Luís. *Espaço Público*: do urbano ao político. São Paulo: Annablume, 2008.

ARENDT, Hannah. *A Condição Humana*. 10 ed. Rio de Janeiro: Forense Universitária, 2000.

AUGÉ, Marc. *Os Não-Lugares*. Campinas: Editora Papirus, 1994.

BAUDRILLARD, Jean. *Simulacros e Simulação*. Lisboa: Relógio D'Água, 1991.

BAUMAN, Z. (2004). *Vida líquida*. Rio de Janeiro: Jorge Zahar, 2007.

____________. *Identidade*. Rio de Janeiro: Jorge Zahar, 2005.

____________. *Globalização: as conseqüências humanas*. Rio de Janeiro: Jorge Zahar, 1999.

____________. *Comunidade*. Rio de Janeiro: Jorge Zahar, 2003.

CANCLINI, Nestor G. *Consumidores e Cidadãos*. 6. ed. Rio de Janeiro: Editora UFRJ, 2006.

____________. *Culturas Híbridas*. 4. ed. São Paulo: Edusp, 2006.

____________. Cidades e Cidadãos imaginados pelos meios de Comunicação In: *Opinião Pública*, Campinas, vol. VIII, n.1, 2002.

FERRARA, Lucrecia. Cidade: meio, mídia e mediação. In: *Revista Matrizes*. São Paulo: ECA/USP, Ano 1, n. 2, 2008.

HABERMAS, Jürgen. *Mudança Estrutural da Esfera Pública*. Rio de Janeiro: Tempo Universitário, 1984.

LEMOS, André. Cidade e Mobilidade. Telefones celulares, funções pós-massivas e territórios informais In: *Revista Matrizes*, São Paulo, n.1, 2007.

LIPOVETSKY, Gilles. Espace prive, espace publique à l'âge postmoderne. In: *Citoyenneté et Urbanité*. Paris: Edições Esprit, 1991.

LONGHI, Carla Reis. O Filme Capote: abordagens sobre os espaços público e privado. In: *Revista Significação*, São Paulo, n. 25, 2006.

____________. Origens do Conceito de Opinião Pública: um diálogo entre Hannah Arendt e Jürgen Habermas. In: *Revista Comunicação e Sociedade*, São Paulo, n. 46, ano 2006.

MENESES, Ulpiano T. B. A Cidade como Bem Cultural. In: MORI, V.H. et alli (org). *Patrimônio*: Atualizando o Debate. Rio de Janeiro: Sr/IPHAN, 2006.

Transformações urbanas e imaginário: a cidade de São Paulo sob a visão de três grandes fotógrafos

Luciana Fátima da Silva

Mestre em Comunicação (UNIP), pós-graduada em Língua Portuguesa & Literatura (UNIP), graduada em Produção Editorial (Anhembi Morumbi). Fotógrafa e coautora do coletivo fotográfico "Diálogos com a Cidade". Pesquisadora do Grupo de Pesquisa "Mídia, Cultura e Política: identidades, representações e configurações do público e do privado no discurso midiático", cadastrado no CNPq.

As pedras da cidade, enquanto permanecem, sustentam a memória.
Ecléa Bosi

Este artigo busca compreender como as transformações urbanas na capital paulista agiram no imaginário dos fotógrafos Militão Augusto de Azevedo (1837-1905), Guilherme Gaensly (1843-1928) e Cristiano Mascaro (1944-), e como estes – absorvendo e ressignificando o que ocorria em seu meio ambiente – retrataram em suas fotografias a sua visão particular do que ocorria naqueles momentos e universo específicos.

Militão produziu o *Álbum Comparativo da Cidade de São Paulo*, fotografando a pequena província em 1862, e registrando as mudanças ocorridas nos mesmos lugares retratados anteriormente, mas 25 anos depois, em 1887. Gaensly captou a transmutação da capital colonial paulista em grande metrópole, no início do século XX. Mascaro – fotógrafo ainda em atividade – procura, com sua poética linguagem fotográfica, interpretar a subjetividade da maior cidade da América Latina, registrando a transformação das relações entre a cidade e seus habitantes, e destes com a urbe.

A partir do pensamento de Halbwachs (2006) será estabelecida uma relação com algumas teorias de Morin (2005) para, com base nos estudos dos dois pesquisadores, criar referenciais teóricos que darão suporte a este trabalho, bem como à pesquisa da dissertação que se encontra atualmente em andamento.

Para iniciar as reflexões sobre a interferência do meio social na memória individual, Halbwachs (2006, p. 32) explica:

> É comum que imagens [...] impostas pelo meio em que vivemos, modifiquem a impressão que guardamos de um fato antigo, de uma pessoa outrora conhecida. Essas imagens talvez não reproduzam muito exatamente o passado, o elemento ou a parcela de lembrança que antes havia em nosso espírito talvez seja uma expressão mais exata do fato – a algumas

> lembranças reais se junta uma compacta massa de lembranças fictícias.

Se as lembranças individuais não são compostas unicamente do que ocorreu no passado, pode-se afirmar que se trata de uma mistura entre um fato vivido e, também, de uma série de impressões de outras pessoas, uma série de coisas imaginadas, criadas, contadas; não somente vividas. O resultado dessa mescla de recordações reais e irreais é o que Halbwachs chama de memória coletiva. A memória coletiva seria, então, o conjunto das memórias individuais mais os acontecimentos sociais interagindo no indivíduo. Morin (2005, p. 87) também fala sobre essa interação que ocorre entre ser e sociedade, agindo em constante processo de retroalimentação:

> A sociedade, por exemplo, é produzida pelas interações dos indivíduos que a constituem. A própria sociedade, como um todo organizado e organizador, retroage para produzir os indivíduos pela educação, a linguagem, a escola. Assim os indivíduos, em suas interações, produzem a sociedade, que produz os indivíduos que a produzem. Isto se faz num circuito espiral através da evolução histórica.

Aqui, Morin comenta o princípio utilizado para fundamentar a pesquisa do presente artigo, que é o princípio por ele chamado de "recursão organizacional". Nele, os produtos e os efeitos são, ao mesmo tempo, causa e produtor daquilo que o produz. Este princípio pode ser usado para explicar o ciclo entre: a) transformações urbanas; b) a ação destas no imaginário do fotógrafo; c) captação ou registro daquela ideia de transformações na imagem fotográfica; e d) análise das imagens em sua volta para a primeira parte, ou seja, a das transformações. Continuando a explanação, diz Morin (2005, p. 74):

> Temos o exemplo do indivíduo, da espécie e da reprodução. Nós, indivíduos, somos os produtores de

> um processo de reprodução que é anterior a nós. Mas, uma vez que somos produtos, nos tornamos os produtores do processo que vai continuar. Esta idéia é válida também sociologicamente. A sociedade é produzida pelas interações entre indivíduos e os produz.

A análise pode ser feita da seguinte maneira: as transformações urbanas ocorrem, causando determinada impressão no fotógrafo; este capta as imagens, representando o ambiente e transmitindo esta idéia de transformações em suas fotos. A sociedade, por meio da recepção das imagens, internaliza esta noção. O grupo social perpetua uma visão de que a cidade não pode ficar estática, não pode parar, deve continuar se transformando. Assim, volta-se ao começo. Morin explana a relação cíclica entre o indivíduo que produz a sociedade que produz os indivíduos, isto é, o indivíduo é, ao mesmo tempo, produto e produtor, perpetuando a ideia recursiva. Esse processo se dá, também, por meio da memória. Dentro da contextualização da memória coletiva, Halbwachs (2006, p. 51) discorre sobre os planos que compõem a memória:

> No primeiro plano da memória de um grupo se destacam as lembranças dos eventos e das experiências que dizem respeito à maioria de seus membros e que resultam de sua própria vida ou de suas relações com os grupos mais próximos, os que estiverem mais frequentemente em contato com ele.

Atualizando o conceito para o produto desta pesquisa, pode-se afirmar que o imaginário do fotógrafo é composto daquilo que acontece individualmente em sua vida, mas, também, do que ocorre ao seu redor. Neste caso específico, tudo o que ocorre na cidade objeto de seus estudos e de seu trabalho: São Paulo. Em se tratando de uma cidade singular como a capital paulista, os três artistas escolhidos representam três momentos distintos da vida da metrópole. Cada fotógrafo viu e viveu coisas diferentes, mas que impactaram de semelhantes formas na obra de cada um. A busca pela ressignificação da cidade pode ser analisada nas imagens a seguir.

Militão Augusto de Azevedo.
Ladeira da Memória, 1860

Cristiano Mascaro.
Ladeira da Memória, 1993

Militão e Mascaro, para registrarem o mesmo lugar – Ladeira da Memória –, utilizaram praticamente os mesmos ângulos de visão, entretanto, com resultados diferentes. Militão via uma cidade muito mais horizontal; não existia, naquela época, prédios ou arranha-céus. Apesar do aglomerado de casas, era possível vislumbrar praticamente a cidade inteira. A simplicidade das construções e pavimentos era evidente; essa realidade estava incrustada em Militão, sendo observada em sua fotografia. Já a imagem de Mascaro mostra uma outra realidade: os edifícios dominam a paisagem de uma São Paulo vertical. O cuidado com os calçamentos e com a arborização denota, por parte do poder público, evolução e modernidade do espaço, ainda que em um local histórico. Militão e Mascaro buscaram, assim, retratar a cidade do seu imaginário. Um imaginário semelhante em concepção, porém, de uma cidade que se transformou ao longo do tempo. Halbwachs afirma que para reconhecer por imagens é necessário ligar a imagem, seja ela vista ou evocada, de um objeto ou paisagem, a outras imagens que formarão com aquelas uma espécie de quadro mental.

Há uma conexão entre os elementos mentais e as imagens reais; entre a representação e o ambiente. Morin (2005, p. 42) comenta que a sociedade reflete o sujeito e este reflete aquela, em um fluxo perpétuo e ininterrupto, que também pode ser perfeitamente aplicado à fotografia dos artistas:

> Este tema do reflexo é, entretanto, muito mais rico do que parece [...] Ele levanta o paradoxo do duplo espelho. De fato, o conceito positivista de objeto faz da consciência ao mesmo tempo uma realidade (espelho) e uma ausência de realidade (reflexo). E pode-se efetivamente adiantar que a consciência, de uma maneira incerta sem dúvida, reflete o mundo: mas se o sujeito reflete o mundo, isto pode também significar que o mundo reflete o sujeito.

Para a composição de cada imagem houve uma espécie de atração, ou reconhecimento do objeto retratado – no caso, a paisagem urbana – com algo que estava no imaginário do fotógrafo, algo ligado a uma sensação, a um sentimento que, quando da visão da cena que viria a ser a fotografia, causou uma imediata reação interna, uma conexão de pensamentos, e o artista decidiu (quase intuitivamente) que necessitava registrar aquele momento para refletir como ele via a cidade e como aquela cena o atingia diretamente. Era um desejo de ressignificar o mundo à sua maneira, e transmitir suas ideias por meio da fotografia. Pode-se exemplificar essa necessidade também entre as imagens de Gaensly e Mascaro:

Guilherme Gaensly.
Avenida São João, 1900

Cristiano Mascaro.
Avenida São João, 1986

Guilherme Gaensly estava em meio a uma Avenida São João que se transformava completamente. Era a chegada dos bondes elétricos e de todas as evoluções que a energia elétrica poderia trazer consigo. O modelo idealizado por todos, naquele momento, eram as cidades e modernidades europeias. Toda essa efervescência transformadora está presente em sua fotografia, bem como no próprio Gaensly, que está "inserido" na imagem, pois se coloca no mesmo plano da cena. Quase um século depois, Mascaro retrata o mesmo lugar já com todas aquelas transformações devidamente implantadas. Já se vê a avenida, ao fundo, ferida pelo Elevado Costa e Silva (conhecido como Minhocão – símbolo de evolução e involução urbana). As duas imagens mostram uma avenida que se transforma pelo progresso e se macula por ele mesmo. O gigantismo dos edifícios e os engarrafamentos constantes sufocam os seres humanos que, diminutos e isolados dentro de seus automóveis, buscam sobreviver em meio à selva de pedra.

Interessante notar o paradoxo das duas fotografias. A de Gaensly documenta o período das transformações. Os elementos da imagem são distribuídos de modo a enfatizar a ideia de uma cidade em construção e da participação da população nessa nova realidade. Pode-se perceber grande tensão e desorganização na imagem. Já a cidade construída e pós-moderna de Mascaro está imersa em um mar de edifícios; no entanto, há organização e calma na paisagem. A cidade continua crescendo, mas as transformações são registradas de maneiras distintas. Mascaro parece, em seu trabalho, querer reorganizar o caos, colocando-se acima – e de maneira um tanto distante – da aglomeração urbana. Possivelmente isso se dê devido à sua formação de arquiteto e de fotógrafo que busca a harmonia e a retidão das linhas e perspectivas. Halbwachs discorre que essa sensibilidade pode aflorar no exato momento do "clique", quando uma certa intuição – juntamente com outros elementos de pensamento e sensação – influencia-se pelo ambiente e também pelo organismo em contato com aquele.

O fotógrafo, em um ambiente propício, sofre grande influência do meio social em seus pensamentos, e isso faz com que ele deseje, intimamente, retratar determinada cena. Dessa forma, ele pode colaborar com o resultado de sua arte para reafirmar na sociedade uma opinião que já esteja em voga naquele momento. Tudo que está ao redor do artista atinge sua sensibilidade, provocando-o, fazendo com que ele registre, às vezes inconscientemente, o que está em volta e transmita aquela realidade (adicionando também sua própria visão, sua interpretação, sua ressignificação do mundo) em suas imagens fotográficas. Morin (2005, p. 42) exemplifica essa relação sujeito-objeto:

> Por que "nosso Ego sentindo, perseverando e pensando não é re-encontrado em nenhum lugar de nossa visão do mundo (world picture)" perguntava Schrödinger? E ele respondia que é "porque ele próprio é esta visão do mundo: ele é idêntico ao todo e deste modo não pode ser contido como uma parte deste todo". Assim tanto pode ser o objeto o espelho para o sujeito como o sujeito para o objeto. E Schrödinger mostra a dupla face da consciência do sujeito: "De um lado, é o palco e o único palco onde o conjunto do processo mundial acontece, de outro, é um acessório insignificante que pode estar ausente sem afetar em nada o conjunto".

O fotógrafo reproduz, nas pessoas das suas fotografias, a sua própria imagem, em uma espécie de relação especular, como citado anteriormente por Morin, na relação do reflexo e do duplo espelho.

Militão Augusto de Azevedo.
Ladeira da Memória, 1862

Cristiano Mascaro.
Ladeira da Memória, 1993

Os atores sociais da São Paulo de Militão são diferentes dos de Mascaro, embora guardem algumas semelhanças entre si. No primeiro há o efeito "fantasmagórico" das pessoas, causado pelo movimento. O que se poderia chamar de "deficiência" da técnica fotográfica – que só era capaz de registrar com nitidez objetos estáticos – acaba conferindo à imagem uma impressão de desaparecimento, de fugacidade. Aqueles tropeiros que paravam no chafariz para matar a sede de seus cavalos são agora parte da memória de uma fotografia. As pessoas de Mascaro – registradas em contra-luz – não passam de um amontoado de sombras longilíneas que se estendem pelas ruas e calçadas. Não é possível identificá-las, são seres perdidos na multidão; pessoas sem corpo, sem face, sem identidade. Um aglomerado de homens e mulheres engolidos por seu próprio *habitat*. Em ambos os casos, a cidade parece se impor ao ser humano.

Os sujeitos que habitavam a São Paulo de Militão possuíam um ritmo de vida totalmente diferente dos que habitam a cidade de Mascaro. Ambos os fotógrafos, vivendo nesta cidade e interagindo com ela e com seus cidadãos, não podem se destacar da sua realidade, sendo parte integrante do imaginário que ajudam a construir por meio de suas fotografias. Halbwachs (2006, p. 58) conclui que:

> Quando muitas correntes sociais se cruzam e se chocam em nossa consciência, surgem esses estados que chamamos de intuições sensíveis e que tomam a forma de estados individuais porque não estão ligados inteiramente a um e a outro ambiente, e então os relacionamos a nós mesmos.

Alguns acontecimentos coletivos agem mais diretamente nas ações individuais do que se pode supor. Aparentemente, isso pode soar – como sugere Halbwachs – coincidência, mas é certo que o sujeito é parte do meio que o circunda, isto é, do todo. E este todo é composto de vários sujeitos individuais. As transformações urbanas na cidade de São Paulo influenciaram na maneira de cada fotógrafo perceber o seu meio ambiente, convertendo suas experiências e impressões particulares em imagens. Cada imagem reflete a maneira – individual em um primeiro momento e coletiva, quando pensado no imaginário expresso na imagem fotográfica – de percepção e ressignificação da cidade. O fotógrafo é, ao mesmo tempo, o sujeito que reflete a cidade e também a cidade refletida no sujeito fotográfico.

Morin (2005, p. 85) afirma: "Um todo é mais do que a soma das partes que o constituem", entretanto, o todo não existe sem as partes e vice-versa. O fotógrafo seria uma parte das transformações urbanas, pois perpetua em suas imagens essa ideia de transformação. O registro de determinadas ruas da cidade não é mera coincidência. Cada artista se propõe a contribuir de alguma forma com a sociedade que o circunda. E o resultado disso é um conjunto de imagens realmente expressivo, que conta a história da cidade e de seus habitantes sob vários e diferentes aspectos, permitindo infinitas leituras.

As pessoas criam uma imagem de si para passar para a sociedade. Dessa forma, a sociedade recebe uma imagem recriada de cada indivíduo; uma imagem desenvolvida para satisfazer outros sujeitos sociais. Halbwachs (2006, p. 61) explica esta relação quando diz: "A partir daí compreenderemos melhor que a representação das coisas, evocada pela memória individual, não é mais do que uma forma de tomarmos consciência da representação coletiva relacionada às mesmas coisas".

Tanto o fotógrafo quanto o fotografado estão em contato direto com a cidade, que espera determinada atitude na hora do registro fotográfico. Se a cidade está em transformação, é esta imagem que a sociedade espera ver e não qualquer outra. Novamente, Halbwachs elucida esta teoria ao afirmar que há uma lógica de percepção impondo-se a determinado grupo social, ajudando-o a compreender e a combinar as impressões que chegam do mundo exterior, traduzindo a sua representação das coisas do espaço.

Guilherme Gaensly.
Viaduto do Chá, s/d, início do século XX

Cristiano Mascaro.
Viaduto do Chá, 1986.

A fotografia antiga novamente transmite a noção da cidade em progresso. Entretanto, aqui, Gaensly confere à imagem documental uma ideia de estabilidade. Percebe-se uma imagem mais preocupada com a solidez da urbe. As plantações de chá que deram nome ao viaduto seriam substituídas pelas grandes construções, avenidas, carros, edifícios. A modernidade chegava rapidamente e a cidade crescia em ritmo acelerado. Era assim que Gaensly via e registrava a São Paulo entre o final do século XIX e o início do século XX. Toda essa pujança começou a chamar cada vez mais a atenção e a cidade passou a contar com milhões de pessoas vindas de todos os lugares do Brasil e do mundo. Migrantes e imigrantes com diferentes hábitos, idiomas, costumes, aos poucos, transformavam a capital paulista em um lugar que muitos afirmavam não ter identidade própria. E o paradoxo é que esta é uma das principais, senão a mais importante característica de São Paulo: a grande diversidade cultural. Nesta imagem de Mascaro, em particular, pouco importa a solidez do viaduto. O que se observa é o intenso fluxo de pessoas. À exceção de uma sombra de veículo no topo do quadro, quem confere sentido à obra viária são as pessoas. Esta é a cidade que Mascaro vê e fotografa.

Morin (2005, p. 57) discorre ainda sobre os vários e diferentes papéis sociais que também os fotógrafos vivenciam:

> [...] a vida mais cotidiana é, de fato, uma vida onde cada um joga vários papéis sociais, conforme esteja em sua casa, no seu trabalho, com amigos ou desconhecidos. Vê-se aí que cada ser tem uma multiplicidade de identidades, uma multiplicidade de personalidade de identidades, uma multiplicidade de personalidades em si mesmo, um mundo de fantasias e de sonhos que acompanham sua vida.

E os ambientes interagem com cada indivíduo, impactando em seu modo de agir e de pensar, levando-o à criação de um ser individual e único. Halbwachs (2006, p. 79) explica: "São fatos singulares em seu gênero, que modificam a existência de um grupo." Entretanto, "por outro lado, esses fatos se transformam em uma série de imagens que trespassam as consciências individuais."

Não podendo deixar de ser apenas um, independentemente do ambiente em que se encontre, o fotógrafo reage ao meio, captando e retransmitindo suas impressões da cidade por meio de imagens fotográficas. No mundo contemporâneo, são essas imagens que retratam uma realidade – ainda que não totalmente livre de interferências externas – de uma parte do passado. Ecléa Bosi (2003, p. 48) explica essa atuação do passado no presente:

> O passado conserva-se e, além de conservar-se, atua no presente, mas não de forma homogênea. De um lado, o corpo guarda esquemas de comportamento de que se vale muitas vezes automaticamente na sua ação sobre as coisas: trata-se da memória-hábito, memória dos mecanismos motores. De outro lado, ocorrem lembranças independentes de quaisquer hábitos: lembranças isoladas, singulares, que constituiriam autênticas ressurreições do passado.

Os fotógrafos constantemente pesquisam o trabalho dos fotógrafos predecessores. Essas fotografias alimentam o imaginário dos fotógrafos, segundo o qual os futuros artistas também desenvolverão sua linguagem pessoal. É um ciclo ininterrupto de retroalimentação. E Halbwachs (2006, p. 77) comenta essa função da fotografia como auxiliar da memória:

> A história, mesmo contemporânea, frequentemente se reduz a uma série de idéias abstratas demais – mas posso completá-las, posso trocá-las pelas idéias de imagens e impressões, quando olho os quadros, os retratos, as gravuras daqueles tempos, quando sonho com os livros que apareciam, com as peças representadas, etc.

Este é um dos papéis da fotografia, principalmente a fotografia documental, objeto de pesquisa deste trabalho: completar as lacunas do que é imaginado, ou vivido, de uma época passada. Busca-se, a partir dessas imagens antigas, preencher vazios, interpretar uma realidade que pode até não ter sido vivenciada. Halbwachs (2006, p. 87) analisa esta relação passado-presente quando diz que:

> [...] o passado deixou na sociedade de hoje muitos vestígios, às vezes visíveis, e que também percebemos na expressão das imagens, no aspecto dos lugares e até nos modos de pensar e de sentir, inconscientemente conservados e reproduzidos por tais pessoas e em tais ambientes. [...] basta que a atenção se volte desse lado para notarmos que os costumes modernos repousam sobre camadas antigas que afloram em mais de um lugar.

Isso pode ser notado no trabalho dos três artistas: a realidade de uma São Paulo "colonial", vista por Militão; e de uma São Paulo em crescimento desenfreado, vista por Gaensly, interfere na obra de fotógrafos como Mascaro, e isso impacta também na fotografia contemporânea de cidades. Acredita-se que haja uma espécie de diálogo entre o que foi feito no passado com o que existe atualmente; principalmente entre a maneira de interpretar as transformações urbanas da cidade de ontem e a de hoje. Bosi (2003, p. 53) embasa a teoria de que o guardar a memória de ontem é a garantia que manterá o hoje vivo no imaginário de amanhã: "Importa, porém, reter o seu princípio central da memória como conservação do passado"; continua, "este sobrevive, quer chamado pelo presente sob as formas da lembrança, quer em si mesmo, em estado inconsciente."

O fotógrafo contemporâneo, Cristiano Mascaro, sofre as mesmas influências que Militão Augusto de Azevedo e Guilherme Gaensly em seu trabalho. Militão registrava as cenas que a cidade lhe apresentava: uma São Paulo pacata, com pouco movimento e quase nenhuma novidade. Gaensly vivia um turbilhão de transformações da cidade que buscava ser a capital europeia no Brasil: muitas melhorias, várias tecnologias, uma infinidade de coisas acontecendo rapidamente. Aquelas fotografias já traziam um retrato alterado da cidade, pois ela era interpretada segundo a ótica, a época e a releitura de cada um. Adicionando-se a esta São Paulo atual a interpretação de Cristiano Mascaro, é possível verificar como o fotógrafo representa a cidade de hoje. Mascaro assiste, atualmente, a cidade transmutada em caos. Suas imagens refletem a impessoalidade e o distanciamento a que se sujeitam os habitantes da urbe do século XXI. Como fotógrafo e arquiteto, suas imagens buscam uma reorganização estética por meio de perspectivas e de linhas perfeitas. Uma possível explicação a esta sobreposição de impressões é dada por Halbwachs (2006, p. 91): "A lembrança é uma reconstrução do passado com a ajuda de dados tomados de empréstimo ao presente" e "preparados por outras reconstruções feitas em épocas anteriores e de onde a imagem de outrora já saiu bastante alterada." E o pensador completa, com uma afirmação que exemplifica o resultado da fotografia contemporânea: "No momento em que examina seu passado, o grupo nota que continua o mesmo e toma consciência de sua identidade através do tempo." (2006, p. 108)

As imagens do passado influenciam o "imaginário fotográfico" da cidade de São Paulo. As transformações urbanas foram e ainda são responsáveis pela maneira como cada fotógrafo ressignifica a cidade em seu momento. Halbwachs (2006, p.109) afirma que para a história "tudo está ligado, por isso cada uma dessas transformações deve reagir sobre as outras partes do corpo social e preparar aqui ou ali uma nova mudança." Essas transformações do ambiente, da sociedade, entre outras, impactam na forma de ver de cada fotógrafo e como ele pretende representar e/ou recortar um pedaço de sua realidade, mostrando como determinada ação social mexeu com ele. A fotografia será uma espécie de reação, de resposta ao que o artista sente ou capta (consciente ou inconscientemente) do ambiente ao seu redor. Halbwachs (2006, p. 133) explica como se desenrola esta relação: a "memória coletiva tem de esperar que os grupos tenham desvanecido, para que se preocupe em fixar a imagem e a ordem de sucessão de fatos que agora só ela é capaz de conservar."

A fotografia de hoje – assim como a de outrora já fez isso – vai guardar para as gerações futuras uma parte da realidade atual. Esse é o papel da imagem documental: mostrar como se comporta determinada sociedade, seus hábitos e costumes, que são refletidos em suas roupas, em sua arquitetura, enfim, a alma do lugar. Halbwachs (2006, p. 152) demonstra esta necessidade:

> Para encontrar uma cidade antiga no labirinto das ruas novas que pouco a pouco as circundaram e transformaram, as casas e monumentos que ora descobriram e apagaram bairros antigos, ora encontraram seu lugar no prolongamento e no intervalo das construções de outrora, não voltamos do presente ao passado seguindo em sentido inverso e de modo contínuo a série de obras, demolições, etc. que modificaram progressivamente a aparência desta cidade.

Novamente o ciclo. As imagens de ontem mostram como era a cidade antigamente; as imagens de hoje mostrarão às gerações futuras como é a cidade hoje, e assim sucessivamente. Ainda é Halbwachs (2006, p. 159) quem afirma: "Quando inserido numa parte do espaço, um grupo o molda à sua imagem, mas ao mesmo tempo se dobra e se adapta a coisas materiais que a ela resistem."

A memória (ou imaginário) coletiva está ligada ao grupo que ocupa um determinado espaço, em um determinado tempo. "O imaginário fotográfico" está ligado àquele ambiente que o artista se dispôs a registrar. A lembrança não está apenas dentro de cada indivíduo, mas em um conjunto de fatos que marcaram a história individual e como este fotógrafo, no papel de sujeito histórico, compartilhou isso com seu meio ambiente, por meio de suas fotografias. Bosi (2003, p. 411) salienta:

> Por muito que deva à memória coletiva, é o indivíduo que recorda. Ele é o memorizador e das camadas do passado a que tem acesso pode reter objetos que são, para ele, e só para ele, significativos dentro de um tesouro comum.

Militão, como o primeiro fotógrafo deste estudo, apenas registrava o que via ao redor; retratava o que sentia da cidade, que ainda era uma pequena vila sem muitos atrativos. Já Gaensly estava em um momento de grandes transformações, não apenas urbanas, mas também sociais; e, além de vivenciar, queria mostrar em suas imagens toda essa efervescência. Mascaro, contemporaneamente, enfrenta outros tipos de transformações; aqui não temos mais as transformações físicas da urbe (até temos, mas em menor escala); as mudanças são percebidas pelos fotógrafos de maneira muito mais subjetivas. Atualmente, percebem-se mudanças de comportamentos, de atitudes, de valores, entre outros. Enquanto lá atrás Militão e Gaensly registravam uma cidade física, real, concreta, Mascaro tenta captar, hoje, o imaterial, o efêmero, o abstrato, o fugidio. Apesar das diferenças, entretanto, a busca é a mesma: todos querem estabelecer um diálogo entre suas fotografias e a cidade de São Paulo; todos buscam – cada um à sua maneira – retratar a "alma da cidade".

REFERÊNCIAS

BOSI, Ecléa. *Memória e sociedade*: lembranças de velhos. São Paulo: Companhia das Letras, 2003.

HALBWACHS, Maurice. *A memória coletiva*. São Paulo: Centauro, 2006.

MORIN, Edgar. *Introdução ao pensamento complexo*. Porto Alegre: Sulina, 2005.

Do lugar ao não-lugar: um olhar midiático sobre o centro histórico de São Paulo

Djacy Mangueira de Almeida

Mestrando em Comunicação pela Universidade Paulista (UNIP). Coordenador e docente do curso de graduação em Turismo da Universidade Paulista (UNIP) e Pesquisador do Grupo de Pesquisa "Mídia, Cultura e Política: identidades, representações e configurações do público e do privado no discurso midiático", cadastrado no CNPq.

Neste artigo, pretende-se abordar o Centro Histórico de São Paulo, a relação com o seu habitante e a sua representação na mídia. Para uma melhor compreensão do estágio atual dessa relação, descrevemos o processo de construção do lugar, que teve seu apogeu na primeira metade do século XX. A partir daí, os fatos que marcaram o início do processo de desgastes nos anos 60 e a sua lenta e gradual degradação e a consequente quebra de laços e vínculos que o unia ao seu habitante, resultando em um espaço esvaziado da função privada dos seus moradores, do apego estabelecido no processo de construção e do seu afastamento das pautas jornalísticas.

Vagueia-se, também, pela poética da cidade na representação feita pelos seus moradores. Nesta, observa-se o distanciamento empreendido entre a "exaltação" do início do século XX e a "frieza" do olhar derramado sobre a região, no final desse mesmo século. Longe das pretensões históricas, deve ser lido, apenas, como uma forma de enxergar e entender um espaço urbano que se urbanizou para se comunicar com seus habitantes e que se "desurbanizou" por conta do mesmo processo que o construiu.

A construção do lugar

Todas as atividades humanas são condicionadas pelo fato de que os homens vivem juntos; mas a ação é a única que não pode sequer ser imaginada fora da sociedade dos homens.
Hannah Arendt

O amanhecer do século XX descortinava uma cidade que havia experimentado um período de crescimento intenso nos anos anteriores. A modernização, para os padrões da época, era percebida no ritmo acelerado da construção e expansão dos seus domínios. Assim a cidade de São Paulo iniciava o novo século ganhando novas avenidas, nova mobilidade através dos transportes coletivos e experimentando a pujança da riqueza da sua elite.

O processo migratório, que se iniciara no século XIX, intensificava-se na medida em que o Brasil ganhava destaque no cenário internacional como um "país de oportunidades", sendo o destino mais procurado o Estado de São Paulo em razão do surto desenvolvimentista impulsionado pela cultura cafeeira. Era essa busca de oportunidades que motivava a massa migratória que aqui desembarcava, embalados pelo sonho de uma vida melhor "ofertada" pelas expectativas depositadas no "novo mundo": aqui se estabelecer, criar raízes e construir uma nova realidade para as suas vidas, deixando para trás as dificuldades das suas origens, mas com bagagens repletas de conhecimento e tradições a serem compartilhadas nesse novo destino. Essas oportunidades, tanto para empresários, negociantes, quanto para a mão de obra, eram largamente divulgadas nos países de origem e motivavam a massa migratória para o Brasil. Muitas vezes esses interessados na migração não dispunham de recursos para o empreendimento da viagem tendo que fazer uso de uma espécie de agenciador – quase sempre o comandante da embarcação que os transportava –, que traçava o seu destino e negociava sua dívida com aquele que os contratava, transformando o sonho de liberdade em uma vida de submissão, primeiro ao comandante da embarcação, depois ao patrão que comprara a sua dívida.

Isso posto, somos levados a refletir sobre as características da hospitalidade que a cidade oferecia aos seus visitantes e também aos seus moradores. Entendemos a hospitalidade como algo que deriva do "Dom", assemelhada às praticas divinas e pautada pela generosidade. A ela cabem as atribuições de acolhimento, proteção, diversão e suprimento das necessidades essenciais, essa combinação de atribuições determina aquilo que nos acostumamos a chamar de "a atmosfera da cidade". É, portanto, a atmosfera da cidade resultado do planejamento urbano, criterioso, e que determina a qualidade de vida dos seus moradores e daqueles que a visitam, bem como interfere substancialmente na percepção que estes constroem a respeito do lugar . Segundo Pereira (2001) as cidades – sejam elas turísticas ou não – assemelham-se a produtos, e possuem imagem, posicionamento de mercado e exercem atração sobre a demanda de visitantes e devem ser planejadas de maneira a atraí-los ou, apenas, melhorar a sua imagem. Para concluirmos esta reflexão vale a pena questionar:

Era a cidade de São Paulo uma cidade hospitaleira para o imigrante que aqui chegava? E qual a representação da cidade no imaginário do seu habitante? Somos levados a supor que o Centro Histórico de São Paulo oferecia aos seus habitantes uma atmosfera diferente daquela percebida nas vilas operárias e fábricas.

Para entendermos a importância do lugar na cultura e no modo de vida das pessoas, observemos que, de forma geral, o lugar é um espaço qualquer ou um ponto imaginário numa coordenada espacial percebida e definida pelo homem através de seus "sentidos". Portanto, o lugar é uma parte do espaço geográfico onde vivemos e interagimos com uma paisagem. O lugar urbano se caracteriza pela aglomeração de pessoas, atividades e edificações, as cidades são sedes de municípios, independentemente do número de habitantes que possam ter. Trazem consigo todas as transformações históricas, pois elas passam por vários momentos determinantes na arquitetura, na cultura, na composição paisagística. As cidades podem variar de tamanho, de momento histórico, de formação urbana entre outros, mas acima de tudo devem suprir os seus habitantes de vínculos identitários, proteção das suas fronteiras, preservação dos vestígios históricos, qualidade de vida e comunicação. Ferrara (2008), ao comentar Aldo Rossi (1995), nos diz que este

> assinala que a cidade é um dado concreto na sua forma construída, mas essa concretude nos permite entender como a arquitetura constrói a cidade, não só para funcionar, mas, sobretudo, para viver e comunicar.

O paulistano atribuía valores a esses "sentidos", comunicados pelo lugar e estabelecia "vínculos" com o espaço urbano representado pelo seu Centro Histórico que, carinhosamente, denominava de "cidade", termo que ainda hoje é usado para se referir a esse espaço urbano de São Paulo.

No século XX se inicia o processo do planejamento estruturante da nova cidade, o espaço público abrange novas concentrações, o centro antigo atravessa vales e rios levando o desenvolvimento aos seus arredores dando origem a um novo espaço conhecido como "centro novo" estruturado a partir da atual Rua Barão de Itapetininga, Avenida São Luis e Avenida Ipiranga, aí se estabelecendo a nova elite citadina enriquecida pelo progresso e pelos resultados do cultivo do café. Viadutos foram construídos para ligar os estabelecimentos comerciais do "centro velho" ao novo núcleo residencial. A construção desses espaços urbanos atendia às necessidade públicas e privadas dos seus habitantes. Praças, avenidas, ruas, viadutos e construções eram utilizados como ambientes de mediação, adquirindo importante função para as interações sociais no processo de socialização.

> Construir para significar, verticalizar para se fazer ver, fazer ver para simbolizar.Esses são os elementos que nos permitem estudar a cidade como meio e como mídia. (FERRARA, 2008)

Era sentida a marca da modernização instalando-se através da luz elétrica, a transformação dos meios de transporte urbano com a implantação dos bondes elétricos em substituição daqueles com tração animal. A inauguração da Estação da Luz foi um acontecimento que marcou o início do novo século. A cidade ganhava fôlego, e expandia os seus limites. O trem e suas estações provocavam o aparecimento de novos núcleos populacionais destinados às classes operárias; nessa época já se contava com o bairro do Brás, a Barra Funda, o Bom Retiro, Higienópolis, além dos dois centros (o velho e o novo), que era povoado e habitado pela classe dominante que dali comandava os destinos da cidade e de sua gente. Essa época é retratada com perfeição pela compositora Zica Bergami (1956) nos versos da canção *Lampião de Gás*, imortalizada na voz de Inezita Barroso:

> Lampião de gás
> Lampião de gás
> Quanta saudade
> Você me traz

Da sua luzinha verde azulada
Que iluminava a minha janela
Do almofadinha lá na calçada
Palheta branca, calça apertada
[...]

A propósito da vida cotidiana e das relações das pessoas com as cercanias do centro da cidade, nesse início de século XX, Longhi (2003) nos instrui:

> As crianças consideravam o domingo um dia especial; tudo era mágico, tudo era festa. No almoço podiam tomar guaraná, que delícia! Esperavam a semana inteira para isso. Quando terminavam a refeição recebiam uns trocados dos seus pais e iam para a matinê do cinema. Enquanto isso, seus pais e todas as famílias italianas iam para as ruas passear. (LONGHI, 2003, p. 108)

Isso demonstra a importância dos espaços públicos nas relações dos habitantes de São Paulo, bem como sua contribuição na formação dos seus "significados" no imaginário citadino. O conjunto comunicacional do espaço urbano tem como ator principal o seu habitante, que se utiliza deste cenário para representar os seus sentidos e a sua forma de percepção do lugar. As praças, ruas, avenidas e viadutos, antes de serem, apenas, lugares de encontros e desencontros, podem ser considerados como uma forma eficiente de perpetuação da memórioa através do "ver" e "ser visto", do "informar-se" e do "informar"

As duas primeiras décadas do século foram marcadas por grandes transformações da cidade, repercutindo-se na vida dos seus cidadãos e na estrutura da política nacional. A política brasileira tinha na cidade de São Paulo o seu berço e o seu domínio. Certamente não contava com a unanimidade e a hegemonia nacional. Esse período foi marcado por diversos acontecimentos polícos que desembocaram na revolução de 1930, alterando a correlação das forças que até então haviam sustentado a República Velha, pondo fim ao predomínio de São Paulo e Minas Gerais, minimizando assim o prestigio da oligarquia paulista que, inconformada, encabeçou a Revolta Constitucionalista.

Sobre a constituição político-social da cidade, naquela época, buscamos entendimento em Arendt (2000):

> [...] como as leis da estatística são perfeitamente válidas quando lidamos com grandes números, é óbvio que cada aumento populacional significa maior validade e nítida diminuição do número de <<desvios>>. Politicamente, isto significa que quanto maior é a população de qualquer corpo político maior é a probabilidade de que o social, e não o político, constitua a esfera pública.

Nessas décadas a cidade demonstrava uma efervescência pública de riquezas e desenvolvimento, a "chamada" burguesia paulistana, que, apesar das crises cíclicas em relação às exportações de café, comparecia a concertos, frequentava salões de dança, assistia a partidas de futebol e a acrobacias de aeroplanos. Era a transformação dos "meios" comunicacionais que a cidade estabelecia para se manter vinculada aos seus moradores – saindo da comunicação pessoal, e presencial (através das conversas na calçadas, dos encontros nas praças e avenidas), para acontecimentos sociais, sistematicamente organizados como espaços de mediação, contribuindo assim, para a formação de significados. E é natural que essas "grandes" transformações respingassem sobre a cultura local. Nem São Paulo, nem as artes brasileiras voltariam a ser as mesmas depois de Fevereiro de 1922, onde, em pleno palco, do recém-inaugurado Teatro Municipal, um grupo de artistas e intelectuais se reuniram em torno do que se poderia denominar "Manifesto do Modernismo".

Foi, também, nessa época iniciada a construção do Edifício Martinelli, indicando o começo da verticalização de São Paulo, seguindo a tendência norte-americana que via os arranha-céus como símbolo de progresso. As duas décadas seguintes foram marcadas por intenso processo de industrialização e crescimento econômico e social. Em meados dos anos 30, a cidade alcançava o seu primeiro milhão de habitantes e daí se popularizava o jargão de que "São Paulo não pode parar". Apoderando-nos da ideia de Ferrara (2008), entendemos esse estágio modernizante em que o centro histórico de São Paulo mergulhava. Segundo Ferrara, devemos compreender a "cidade como um complexo sistema comunicativo onde se confrontam os suportes materiais que a constroem, sua imagem contaminada pela rotação de estereótipos de cidade", continua, "e o imponderável processo interativo que se processa, através do cotidiano, e alicerça valores e comportamentos", esclarecendo-nos a respeito desse momento da vida paulistana onde a mídia da cidade era construída a partir da sua referência, da simbologia e da imagem percebida pelos seus habitantes e a mediação era o sentido que as pessoas davam na ocupação desse espaço. O Edifício Martinelli, o Viaduto do Chá, as novas avenidas e praças eram, nessa ótica, símbolos midiáticos que facilitavam a compreensão desse estágio de desenvolvimento que a cidade experimentava.

Assim, a cidade de São Paulo, investida do seu novo significado e através do seu poderio econômico, encabeçado pela cultura cafeeira, ganhava mercados pelo mundo em troca de riquezas e créditos que eram investidos na estrutura da cidade. Durante a Segunda Guerra Mundial, a cafeicultura entra em crise, em razão das restrições do comércio internacional, a cidade muda de vocação e é presenciado o primeiro grande surto industrial, com repercursões na sociedade, na economia e na cultura do seu povo. A loja Mappin Stores, já de casa nova, em frente ao Teatro Municipal, seduzia a elite paulistana com seu bom gosto, seu modelo arrojado de comércio e as suas intermináveis "quinzena de tapetes", transformando-se em um saudoso símbolo do centro da cidade. Era uma importante referência das tardes da elite feminina paulistana: é a ocupação da cidade, com referência, criando o sentimento de pertencimento.

Mesmo com os resquícios da "grande" recessão mundial, que marcou o final da década anterior e os contratempos políticos no nível nacional, a cidade avançava na expansão dos seu limites. Grandes avenidas eram abertas ou prologandas para facilitar o ir e vir do paulistano, novas construções eram iniciadas: o novo Mercado

Municipal, o Palácio da Justiça, o prédio da Faculdade de Direito, o novo Viaduto do Chá, a Biblioteca Municipal e a Praça da República, entre outros. A influência da imigração italiana é sentida e percebida na indústria, na cultura e nas artes. A considerada "elite burguesa paulistana" fervilha na sua pujança econômica e cultural.

Depois da Segunda Guerra Mundial, São Paulo, já mais integrada aos fatores mundiais, reconhecida como a "Nova Metrópole", passa a desenvolver um estilo arquitetônico voltado à verticalização e também ao comércio e à industria multinacional – esta última aproveitando a base da indústria nacional, surgida a partir da década de 30, e a concentração de população. Tal mudança nas edificações serviu como forma de influenciar as demais regiões do país.

Nos anos seguintes o "centro" ainda esbanja riquezas, modernidade, pessoas e contatos, apesar da expanção multilateral que a cidade empreende. Novos bairros são criados, a cultura se desloca para novos centros instalados na cidade, mas o Centro Histórico ainda atrai o paulistano pelo seu charme e concentração de negócios. Para Canclini (2006), todo o esforço de construção da imagem do lugar, tornando o próprio espaço como seu principal veículo de divulgação — por conta das tecnologias utilizadas na modernização do planejamento urbano e, ainda, a expansão dos limites territoriais — resulta em uma nova aparelhagem comunicacional com o intuito de maior alcance e de uma maior eficiência: a caracterização sócio-demográfica do espaço urbano "não consegue dar conta de seus significados se não incluir a recomposição que a ação midiática lhes imprime". Entram em cena outros meios de comunicação representados pela imprensa escrita, o rádio, a televisão e posteriormente a rede mundial de computadores. Os meios de comunicação até então instalados na cidade – várias emissoras de rádio e alguns jornais, além das revistas da Editora Abril – passam a conviver com o seu mais nobre concorrente, a "TV Tupi", inaugurada em dezembro de 1950. A respeito dos jornais, a cidade de São Paulo contava com dois importantes "arautos" da sua comunicação, hoje representados pelos jornais *O Estado de S. Paulo* e a *Folha de S. Paulo*. Esse dois grandes veículos se localizaram rapidamente entre os principais veículos de comunicação impressa do país, sem, no entanto, abandonarem a sua dedicação pelas causas paulistanas. Sobre a importância dos meios de comunicação, buscamos em Canclini (2006), que nos instrui:

> A imprensa contribui para a imagem de uma cidade massiva, cujas particularidades se concentram no centro histórico ou em outras regiões centrais.

Essa década é marcada pela comemoração dos quatrocentos anos de fundação da cidade e pela surto desenvolvimentista que o país experimentava no Governo Jucelino Kubtschek. Nessa época intensifica-se o movimento migratório interno, sendo a cidade de São Paulo o principal destino de nordestinos.

Sobre as comerações do IV Centenário sabe-se que duraram pelo menos três dias do mês de julho de 1954, repercutindo-se por todo o ano, com inaugurações (Catedral da Sé) e construção de monumentos. A poética da cidade se revelava nos versos e melodia de Mário Zan, compositor do *Hino do IV Centenério de São Paulo*:

> São Paulo, terra amada
> Cidade imensa
> De grandezas mil!
> És tu, terra dourada,
> Progresso e glória
> Do meu Brasil!
> [...]

A década de 60 é marcada pelo avanço econômico e pela instabilidade política que assola o pais, a partir do golpe militar de 1964. Aumentando as dificuldades sociais do povo brasileiro e intensificando mais, ainda, o movimento migratório de nordestinos para São Paulo. Nesse período, o centro da cidade começa a experimentar um período de transformações decorrentes do desgate do patrimônio social, histórico cultural e do deslocamento de investimento em direção de outros "novos" centros da cidade. Se antes entendemos o "lugar" como o espaço geográfico recoberto dos significados que os seus habitantes lhe atribuem, imaginemos esse momento histórico como a perda desses significados. Os vínculos de identidade, as fronteiras protetoras e a percepção de segurança, encontram-se severamente comprometidos. Começa aí a desconstrução do Centro Histórico de São Paulo e o processo de desgaste que o transforma em um "não-lugar". Amparados em Augé (2007), podemos entender esse processo da seguinte forma:

> O não-lugar é diametralmente oposto ao lar, à residência, ao espaço personalizado. É representado pelos espaços públicos de rápida circulação, como aeroportos, rodoviárias, estações de metrô, e pelos meios de transportes – mas também pelas grandes cadeias de hotéis e supermercados.

O não-lugar

Criança o que fizeram de ti!
Goeth

O processo de "desconstrução" do Centro Histórico de São Paulo se verificou pelas três décadas seguintes, atingindo o seu apogeu nos anos 90 quando encontramos esse espaço esvaziado da vida pública, da cultura, da concentração das riquezas acumuladas na primeira metadade do século XX e o estabelecimento da sensação de desapego por parte dos seu habitantes. Pode-se imaginar que todo o esforço desenvolvimentista decorrente do progresso, pelo qual passou a cidade, tenha sido o primeiro indutor desse esvaziamento. A expansão territorial determinando o aparecimento de novos bairros com finalidades específicas (residência, indústria, comércio, etc.), a abertura de novas avenidas facilitando o deslocamento entre as grandes distâncias e o incremento aos meios de transportes, coletivos e individuais, facilitaram o processo de migração das populações habitantes do Centro de São Paulo.

Com o fechamento da chamada "zona" de prostituição que até os anos 50 se concentrava no bairro do Bom Retiro, a região central da cidade passou a abrigar as práticas ilícitas do sexo e todos os seus desdobramentos como a criminalidade e a violência. Os anos 60 se iniciam com a profusão de atividades dessa natureza concentradas naquilo que se tornou conhecida como a "Boca do Lixo" ou "quadrilátero do pecado" — que tinha a Rua Aurora como o seu epicentro — caracterizada pela aglutinação de proscritos ligados ao crime, à contravenção, à vadiagem e à prostituição. A representação poética desse momento vivido pela cidade é bem retratado nos versos do samba-canção Ronda, de Paulo Vanzolini, que descreve a ansiedade humana e as suas consequências:

> De noite eu rondo a cidade
> A te procurar sem encontrar
> No meio de olhares espio em todos os bares
> Você não está
> Volto pra casa abatida
> Desencantada da vida
> O sonho alegria me dá
> Nele você está
> Ah, se eu tivesse quem bem me quisesse
> Esse alguém me diria
> Desiste, esta busca é inútil
> Eu não desistia
> Porém, com perfeita paciência
> Volto a te buscar
> Hei de encontrar
> Bebendo com outras mulheres
> Rolando um dadinho
> Jogando bilhar
> E neste dia então
> Vai dar na primeira edição
> Cena de sangue num bar
> Da avenida São João.

Aliado a isso tudo, não se podem desconsiderar os problemas decorrentes da concentração de atividades e pessoas: as dificuldades de locomoção (congestionamentos e superlotação do transporte público), o encarecimento do custo de vida e moradia, a violência urbana, e as grandes tragédias que marcaram a vida do paulistano na década de 70 e que ainda hoje são lembradas — o incêndio dos Edifícios Andraus e Joelma. A esse respeito, em artigo do jornalista Luiz Caversan, publicado no Jornal a *Folha de S. Paulo*, em edição de 07 de outubro de 2003, podemos compreender a percepção midiática desses acontecimentos:

> A maior tragédia do gênero da história de São Paulo deixou 187 mortos e centenas de feridos, a maioria jovens bancários que trabalhavam para a empresa Crefisul, proprietária do edifício de 24 andares localizado na esquina da Avenida Nove de Julho com Rua Santo Antônio. Quando o Joelma pegou fogo, ainda estava presente na lembrança a tragédia ocorrida exatamente dois anos antes no edifício Andraus, na Avenida São João, no qual morreram 16 pessoas. O drama do Joelma, no entanto, seria muito pior.

A migração do centro iniciada nos anos 60 intensifica-se no decorrer da década de 70. Primeiro foi a "elite burguesa" que encontra en outro bairros sinais de melhoria na qualidade de vida. A Avenida Paulista, e seus arredores, os novos bairros das zonas Sul e Oeste se apresentam como destinos preferidos das classes mais privilegiadas. A classe operária se desloca rumo às zonas Leste, Norte e extremos das Sul e Oeste. A partir daí, percebe-se o Centro Histórico de São Paulo esvaziado da vida privada da sua população. Esse momento pode ser compreendido nos versos do poeta popular Adoniran Barbosa, compositor da inesquecível Trem das Onze:

> Não posso ficar nem mais um minuto com você
> Sinto muito amor, mas não pode ser
> Moro em Jaçanã,
> Se eu perder esse trem

> Que sai agora as onze horas
> Só amanhã de manhã...
> [...]

Essa década foi marcada pelo aparecimento dos centros comerciais conhecidos como "Shopping Centers" fazendo com que o paulistano, acostumado com o comércio de rua, deslocasse o seu interesse para esse novo tipo de atividade comercial e a sua concentração de atividades. Inicia-se o processo de modificação da vocação comercial do centro da cidade, aprofundado nas décadas seguintes, até se chegar ao cenário de hoje, quando o comércio da região é caracterizado por produtos e estabelecimentos populares. Nessa época, também, o centro financeiro da cidade, até então localizado no chamado "centro velho" formado pela Rua Boa Vista e adjacências, encontrou um outro paradeiro. Agora, era a renovada Avenida Paulista que os atraía. Os investimentos públicos de estrutura eram destinados à construção e preservação de outros logradouros que não o Centro Histórico de São Paulo. A decisão migratória atinge os veículos de comunicação iniciando-se pelas emissoras de rádio, seguidas pela televisão e logo imitadas pelos jornais. O centro perde os seus representantes midiáticos e as suas vozes.

Nos anos 80, aprofunda-se a percepção de abandono em que mergulhou o centro de São Paulo, a cultura encontra em outros lugares melhores condições de instalação e acessibilidade, seguida pelas indústrias do lazer e do entretenimento. Todos os novos empreendimentos ligados à hospitalidade são projetados e construídos fora do perímetro central, a instalação de novos meios de hospedagem se localizam junto aos centros de atividades econômicas, de lazer e entretenimento. Os escritórios de serviços e administração de grandes empresas trocam de endereço, buscando outros arrebaldes para a sua localização.

O Centro de São Paulo se transforma, rapidamente, em um lugar de passagem ou de permanência efêmera. Apesar da concentração de pessoas, não se percebem apego ou a vontade de ali permanecer por tempo além do necessário. Podemos entender melhor esta situação através dos esclarecimentos de Augé (2007):

> Só, mas junto com outros, o habitante do não-lugar mantém com este uma relação contratual representada por símbolos da supermodernidade, seja um bilhete de metrô ou de avião, cartões de crédito ou cartão telefônico, além de documentos — passaporte, carteira de motorista ou qualquer outro —, símbolos que, enfim, permitem o acesso, comprovam a identidade, autorizam deslocamentos impessoais.

Os anos 90 são marcados pelo descaso e esquecimento. Quase ninguém se dá mais conta dos acontecimentos que resultaram no esvaziamento do Centro de São Paulo e as conhecidas consequências da transformação radical na sua vocação de centro aglutinador de atividades diversas que marcaram o seu período de construção. Foi uma década de ignorância tanto por parte dos poderes constituídos como da sociedade civil organizada, incluindo aí a imprensa e os seus veículos de comunicação.

Apenas a partir do início do século XXI é que a administração pública volta o seu olhar para as questões ligadas ao Centro Histórico. A então prefeita Marta Suplicy inicia sua gestão com o conhecido projeto "Belezura", que tinha como objetivo uma maior preocupação com o estado de conservação dos espaços públicos e a sua consequente reaproximação com o morador da cidade. A partir daí outros programas de revitalização do centro foram criados, sem no entanto surtirem os efeitos esperados e sem apresentar a desejada reversão no estado de abandono em que foi mergulhado o Centro Histórico de São Paulo. Como exemplo desses esforços pode-se citar a Virada Cultural que tenta uma ampla divulgação da profusão cultural, que compõe o patrimônio da cidade, e o encontro dessa com seus moradores. Temos também a criação da Associação Viva o Centro, constituída por moradores, admiradores e empresários da região (banqueiros na sua maioria), que tem como objetivo o estabelecimento do debate sobre as condições atuais do centro e a indicação de proposta que possam resultar na melhoria do lugar.

No entanto, observam-se, ainda, grandes problemas que dificultam essa aproximação e o repovoamento do Centro Histórico de São

Paulo. Um deles, certamente, está ligado à maneira como a mídia o representa nas suas formas de comunicação. Observa-se um estado de total desinteresse pela divulgação de notícias positivas a respeito do "lugar", sendo a violência local, o único fato que leva a mídia a destinar espaços para a sua divulgação.

Outro fato, não menos importante, é a questão da população que habita o centro de São Paulo. A tentativa de compreender o perfil do atual morador do Centro Histórico de São Paulo é particularmente curiosa, senão desafiante. Observa-se uma população decrescente nas últimas décadas, quedas sucessivas no nível de emprego e renda, e um crescimento assustador da população de moradores de rua. Quantos são? Ninguém o sabe. Especulam-se números desencontrados que vão dos 14 aos 21 mil em toda a cidade. No entanto, já existe quem aposte que, apenas, o centro da cidade abrigue um número próximo dos 19 mil moradores de rua. Os centros das grandes cidades, normalmente, são os lugares escolhidos por essas populações desabrigadas.

Segundo a interpretação da revista eletrônica da Associação Viva o Centro, publicada na rede mundial de computadores (www.vivaocentro.org.br), comentando declarações da dra. Alda Marco Antônio, vice-prefeita e secretária municipal de Assistência e Desenvolvimento Social (Smads), sugere que o maior número de pessoas desabrigadas, perambulantes pelo centro da cidade de São Paulo, é constituído do gênero masculino e, ao tratar das "causas", sugere-se a desagregação familiar e os egressos dos sistemas penitenciários, como os principais motivos, entre outros:

> O número maior de homens nas ruas me leva a pensar – é só uma sugestão – que os homens fogem mais dos problemas do que as mulheres. Onde estarão as esposas e os filhos desses homens que estão nas ruas? Provavelmente em alguma casa, sendo sustentados por mulher que faz faxina, criando dois, três, quatro filhos. Mas é só o pensamento de uma mulher, não tem uma pesquisa científica que prove isso. O número alto de homens pode sugerir, também, que

> ele (homem) veio de outra cidade procurar emprego. Acabou o dinheiro, não tinha mais como pagar pensão, passou a morar na rua. Pode ser que fique envergonhado ou constrangido de procurar a família. Podem ser egressos do sistema penitenciário também.

Outro tópico que envolve, de forma marcante, o morador local é a prostituição no Centro da cidade de São Paulo. Ainda considerada como uma atividade "profissional" ligada ao gênero feminino, a prostituição observada na contemporaneidade é comum ao gênero feminino, ao gênero masculino e, também, àquele considerado o terceiro sexo. No centro de São Paulo essa diversidade é marcante, apesar de ser ignorada pelas autoridades e pelos ativistas do processo de reconstrução do centro. Não se conhecem estatísticas, não se divulgam números, é como se essa prática não existisse. Em *Corporalidade e desejo: tudo sobre minha mãe e o gênero na margem*, de Sônia Weidner Maluf, encontramos sinais que nos orientam a direção dessa compreensão: "[...] como as experiências de margem podem ser ao mesmo tempo reveladoras e transgressoras dos mecanismos de poder naturalizados nas ideologias" e "nos modos de vida dominantes nas sociedades urbanas ocidentais contemporâneas".

Assim, pode-se supor que os poderes públicos constituídos do Centro de São Paulo, desconhecem o que lhes transgride nas relações morais e sociais. Desconhecem também a indústria do sexo lá instalada, que pode ser muito bem representada através dos "cinemas pornôs" e das inúmeras "boites" orientadas por preferência sexual.

A "Boca do Lixo" é cheia de cinemas de vários tipos, a maioria desses localizados nas Avenidas São João e Ipiranga, região que ficou famosa pela música *Sampa* de Caetano Veloso, onde a poética da cidade se mostra reveladora dos seus mistérios, tão próprios de um não-lugar:

> Alguma coisa acontece no
> meu coração
> Que só quando cruza a

Ipiranga e a avenida São João
É que quando eu cheguei por
aqui eu nada entendi
Da dura poesia concreta de
tuas esquinas
Da deselegância discreta de
tuas meninas
[...]

REFERÊNCIAS

ARENDT, Hannah. *A Condição Humana*. 10. ed. Rio de Janeiro: Forense Universitária, 2000.

AUGÉ, Marc. *Não-Lugares Introdução a uma antropologia da supermodernidade*. 7. ed. Campinas: Papirus, 2008.

CANCLINI, Nestor G. *Consumidores e Cidadãos*. 6. ed. Rio de Janeiro: Editora UFRJ, 2006.

FERRARA, Lucrécia D. *Espaços Comunicantes*. São Paulo: Annablume, 2007.

LONGHI, Carla Reis. *Mãos que fizeram São Paulo*: a história da cidade contada em recortes biográficos. São Paulo: Celebris, 2003.

MALUF, Sônia Weidner. Corporalidade e desejo: Tudo sobre minha mãe e o gênero na margem. In: *Rev. Estud. Fem*. Vol. 10 (1). Florianópolis, jan. 2002.

MORAIS, Sérgio Pereira, RAMALHO, Luiz Carlos. *Projeto Luz-Paulista*: o estudo da destruição do centro de uma cidade. São Paulo: Plêiade, 1998.

PEREIRA, Marcos. *Marketing de cidades turísticas*. São Paulo: Chronos, 2001.

Reconfiguração urbana: a esfera pública modificando a comunicação midiática de São Paulo

Luiz Claudio Taya de Araujo

Mestre em Comunicação pela Universidade Paulista (UNIP). Diretor de *Marketing* do Grupo Schincariol e pesquisador do Grupo de pesquisa "Mídia, Cultura e Política: identidades, representações e configurações do público e do privado no discurso midiático", cadastrado no CNPq.

Na cidade de São Paulo, a Lei nº 14.223 de 2006, conhecida como Lei Cidade Limpa, resgatou parte da noção do bem comum, opondo-o ao interesse corporativo de grandes, médias e pequenas empresas, de vários segmentos. Sua aplicação diminuiu a poluição visual e está favorecendo melhorias no mobiliário urbano e harmonização arquitetônica. A proibição de propaganda em áreas externas da cidade é um dos aspectos mais importantes introduzidos pela nova lei que, ainda mais relevante, estabelece parâmetros modificadores. Vejamos o principal trecho da Lei nº 14.223:

> CAPÍTULO I
>
> DOS OBJETIVOS, DIRETRIZES, ESTRATÉGIAS E DEFINIÇÕES
>
> Art. 1º. Esta lei dispõe sobre a ordenação dos elementos que compõem a paisagem urbana, visíveis a partir de logradouro público no território do Município de São Paulo.
>
> Art. 2º. Para fins de aplicação desta lei, considera-se paisagem urbana o espaço aéreo e a superfície externa de qualquer elemento natural ou construído, tais como água, fauna, flora, construções, edifícios, anteparos, superfícies aparentes de equipamentos de infra-estrutura, de segurança e de veículos automotores, anúncios de qualquer natureza, elementos de sinalização urbana, equipamentos de informação e comodidade pública e logradouros públicos, visíveis por qualquer observador situado em áreas de uso comum do povo.
>
> Art. 3º. Constituem objetivos da ordenação da paisagem do Município de São Paulo o atendimento ao interesse público em consonância com os direitos fundamentais da pessoa humana e as necessidades de conforto ambiental, com a melhoria da qualidade de vida urbana, assegurando, dentre outros, os seguintes:
>
> I - o bem-estar estético, cultural e ambiental da população;

> II - a segurança das edificações e da população;
>
> III - a valorização do ambiente natural e construído;
>
> IV - a segurança, a fluidez e o conforto nos deslocamentos de veículos e pedestres;
>
> V - a percepção e a compreensão dos elementos referenciais da paisagem;
>
> VI - a preservação da memória cultural;
>
> VII - a preservação e a visualização das características peculiares dos logradouros e das fachadas;
>
> VIII - a preservação e a visualização dos elementos naturais tomados em seu conjunto e em suas peculiaridades ambientais nativas;
>
> IX - o fácil acesso e utilização das funções e serviços de interesse coletivo nas vias e logradouros;
>
> X - o fácil e rápido acesso aos serviços de emergência, tais como bombeiros, ambulâncias e polícia;
>
> XI - o equilíbrio de interesses dos diversos agentes atuantes na cidade para a promoção da melhoria da paisagem do Município.

O texto da lei é bem claro e coloca como objetivo o conforto dos cidadãos, a preservação da cidade, o resgate estético e a busca pela memória cultural. Trata-se, nos termos da lei, de preservar e deixar o município de São Paulo mais limpo e com identidade arquitetônica mais definida. Deste modo, as áreas públicas da capital ficam livres do excesso visual caracterizado por anúncios dos mais diversos tipos e formatos. De acordo com os novos parâmetros, fica totalmente proibida, por exemplo, a colocação de peças de propaganda em ruas, parques, praças, postes, torres, viadutos, túneis, faixas acopladas à sinalização de trânsito, laterais de prédios sem janelas e topos de edifícios.

Também se tornou irregular a distribuição de folhetos publicitários, atividade que tanto atrapalhava a passagem e a circulação dos pedestres. Com essas mudanças, São Paulo conta com um visual mais harmônico e ordenado, dotado de representatividade urbana autêntica. De acordo com Harvey, "as possibilidades político-econômicas da reconstrução de lugares estão coloridas pela maneira [...] da representação dos lugares" (HARVEY, 1992, p. 22). Hoje, a Lei Cidade Limpa indica uma nova textura do espaço urbano. Um espaço público livre, sem empecilhos, que facilita a movimentação das pessoas que moram, estudam e trabalham na metrópole..

A lei é uma intervenção drástica da iniciativa pública contra a iniciativa privada, um choque que atinge a coletividade, as pessoas que transitam pela metrópole, tornando a cidade mais amistosa e agradável para toda a população e também para os turistas e investidores estrangeiros, visando o mercado global, o cenário econômico mundial. Borja e Castells se referem às "cidades como atores sociais complexos e de múltiplas dimensões", o que, na atualidade, significa tornarem-se competitivas para se inserirem nos espaços econômicos globais e internamente possibilitar um mínimo de bem-estar para a população e garantia da convivência democrática. Portanto, as cidades de novo tipo seriam da "competitividade e da atratividade", capazes de atrair o grande capital globalizado. Para cumprir esse papel, essas cidades devem atender a cinco exigências: "[...] nova base econômica, infra-estrutura urbana, qualidade de vida, integração social e governabilidade" (BORJA; CASTELLS, 1996, pp. 152 e 155).

Nesta seara de "competitividade e atratividade", a Lei Cidade Limpa é de fundamental importância, pois coloca a cidade no caminho da boa infraestrutura urbana, qualidade de vida e integração social. Entenda-se por "boa infraestrutura" os aspectos estéticos que também a englobam. Tais aspectos estavam em segundo plano, pois os letreiros, as faixas enormes e *outdoors* suplantavam fachadas inteiras de edifícios. A infraestrutura da cidade, evidentemente, vai além da Lei Cidade Limpa. Mas a lei tem por objetivo resgatar uma parte da infraestrutura, que não é composta apenas de prédios e viadutos. A aparência também é parte fundamental de uma metrópole. É lógico que a pichação, fiação exposta, buracos e tantas outras mazelas sociais que atingem os grandes centros precisariam ser enfrentados com o mesmo rigor. Rigor, diga-se, tão criticado. E é evidente também que estes aspectos, por si só, gerariam artigos e mais artigos. No entanto, o foco do presente texto é Lei Cidade Limpa e as modificações provocadas por ela. Principalmente no tocante à comunicação e às novas configurações midiáticas. Seria ingênuo pensar o contrário e abraçar todos os problemas que estão enraizados em São Paulo.

Exageros podados

Com a Lei Cidade Limpa, os exageros da mídia externa foram condicionados a especificações delimitadores ou simplesmente eliminados, restaurando a identidade arquitetônica da cidade. No entanto, a restauração, no sentido de harmonizar construções e reparar os vazios, acontece gradualmente. E irá acontecer ao longo de alguns anos. Mais importante que os interesses publicitários, a lei prioriza a arquitetura, que, por suas próprias características, apresenta papel fundamental no processo de comunicação de uma metrópole do porte de São Paulo. Aldo Rossi entende a importância da arquitetura (no caso paulistano, o seu resgate) de dois modos:

> No primeiro caso, é assimilar a cidade a um grande artefato, uma obra de engenharia e de arquitetura, mais ou menos grande, mais ou menos complexa, que cresce no tempo; no segundo caso, podemos nos referir a entornos mais limitados da cidade inteira, a fatos urbanos caracterizados por uma arquitetura própria, portanto, por uma forma própria. Nos dois casos, percebemos que a arquitetura não representa mais que um aspecto de uma realidade mais complexa, de uma estrutura particular, mas ao mesmo tempo, sendo o dado último verificável dessa realidade, constitui o ponto de vista mais concreto com o qual se pode encarar o problema. (ROSSI, 1995, p. 13)

Como se nota, a cidade é mais do que uma unidade construída. Ela apresenta problemas mais amplos e complexos. Um deles, o alvo da Lei Cidade Limpa, era o excesso midiático que tomava de assalto os espaços da cidade. Com a retirada dos *outdoors*, dos arranjos plásticos e dos esqueletos metálicos, a cidade revelou que o patrimônio arquitetônico estava em segundo plano, coberto por máscaras de propaganda exagerada. De início, após o recolhimento imediato de toda mídia irregular, o que estava escondido mostrou-se por completo: buracos, estruturas expostas, pontas irregulares, descaracterização de formas, cores e texturas. Livre da poluição visual, a cidade ficou perdida. O grande impacto se deu entre os pequenos comerciantes que, sem dinheiro suficiente para investir na recuperação de fachadas, optaram por soluções emergenciais. Mas, lentamente, os donos de estabelecimentos, mesmo entre os pequenos, estão mudando a percepção e engajam-se no processo de preocupação em recuperar a harmonia arquitetônica, pois a lei valoriza o patrimônio histórico e a exposição do vazio ou degradado prejudica o próprio comércio. Prédios tombados, como o Teatro Municipal, o Cine Marabá, o prédio antigo dos Correios no centro e muitos outros começam a receber mais atenção e há reestruturação gradual. A lei funcionou ou pode ser entendida como um primeiro passo, que visa reestruturar a imagem da cidade, transformando-a num espaço mais atraente tanto para a população local quanto para o mundo, aumentando, inclusive, seu potencial turístico. É um processo que culmina num interessante resultado: resgatar uma outra sensação de cidade. Joseph Rykwert assim define essa sensação:

> [...] a sensação da cidade e o seu tecido físico estão sempre presentes para os habitantes e visitantes. Apreciado, visto, tocado, cheirado, adentrado, consciente ou inconscientemente, esse tecido é uma representação tangível daquela coisa intangível, a sociedade que ali vive e suas aspirações. (RIKWERT, 2004, p. 7)

Aplicada igualmente para todas as empresas, a Lei Cidade Limpa obriga também as grandes redes a estudar a variação das dimensões de letreiros ou indicativos de acordo com o tamanho linear da fachada de cada edifício. A solução para casos específicos como, por exemplo, rede de hipermercados, encontra-se no uso de totens e cores, recursos que tornam os edifícios mais visíveis sem ofender os parâmetros da lei. Um dos benefícios incontestáveis da Lei Cidade

Limpa é resgatar a importância da arquitetura para a comunicação visual da empresa. Os estabelecimentos, as grandes redes e as lojas espalhadas pela cidade passam a ser encaradas como embalagens que pedem cores, pórticos e elementos de fachada que sigam a arquitetura e o entorno urbano. O conceito de mídia foi remodelado, pois a mídia, antes agressiva, passou por transformações. É mais conveniente falar em mediação, visto que as empresas precisam dialogar e estabelecer uma relação bilateral com o indivíduo, o consumidor, o habitante da cidade. A mediação expande o sentido e acrescenta aos signos significados que dependem do processo relacional que o indivíduo desenvolve como usuário da cidade, influenciando-a e sendo por ela influenciado. Ou seja, este novo modelo de mídia está atrelado aos valores arquitetônicos, como diz Norbert Weiner:

> A própria mediação em processo contínuo a faz constantemente nova e original pois não há, na cidade, experiências que não sejam novas, embora reconheçamos que o cotidiano gera comportamentos marcados pelo hábito e pela rotina. Porém, a mediação na cidade desafia aquela repetição, levando-a, potencialmente, à reversão e à mudança, Nessa dinâmica, a mediação substitui a eficiência comunicativa da imagem como mídia pela informação que, em processo, supõe escolher entre alternativas de ação e conduta. (WEINER 1993, p. 17)

Desta forma, surgem projetos que buscam integrar cores, luzes e formas com o paisagismo, respeitando a configuração urbana. Todo esse esforço visa limpar a cidade da publicidade agressiva que vinha se sobrepondo ao espaço urbano. A meta da publicidade é transmitir uma mensagem chamando a atenção sem imposição ou exageros, de modo discreto e inserida no espaço. A Lei Cidade Limpa favorece a reconstrução da identidade de São Paulo que, assim como os patrimônios históricos, perdeu-se ao longo das décadas, engolida por excessos e pela proliferação desmedida de mídias externas. A acolhida da população foi positiva, visto que as maiores reclamações surgiram do meio publicitário.

Uma lei polêmica

Por se tratar de uma lei que incitou e incita discussões, houve contestação e muito alarde na época de sua implantação. Giovanny Gerolla, em artigo escrito para a revista *Arquitetura & Urbaninismo* de setembro de 2007, expõe a polêmica da lei e mostra opiniões diversas:

> 'A partir do momento que tomamos conhecimento do conteúdo do projeto, tratamos de reunir diferentes entidades para debatê-lo', relata o diretor-executivo do Sepex-SP (Sindicato das Empresas de Publicidade Exterior do Estado de São Paulo), Daniel Stein. Para o sindicato, as leis pré-existentes teriam dado conta do recado se tivesse havido uma fiscalização mais presente. Embora admita que 2/3 da publicidade externa antes da lei 14.223 entrar em vigor fossem irregulares e que a maioria das empresas de mídia externa não cumpria com suas obrigações fiscais, Stein considera a lei Cidade Limpa injusta. Ele aponta a diferença do tratamento para empresários de mídia externa se comparados ao caso dos indicativos comerciais como sinal do verdadeiro interesse da prefeitura, que seria, na opinião dele, 'arrecadar fundos com a publicidade que será aberta em espaços reduzidos e públicos'. 'Toda a categoria foi proibida de exercer seu trabalho, ou já perdeu mais de 80% de seu faturamento, o que significa falência iminente.' Essas empresas sofrem com processos de demissão de funcionários e readaptação dos negócios. 'Ninguém avalia a perda desses empresários sob o ponto de vista humano: de repente, a atividade profissional dessas pessoas deixou de existir, e eles precisam se reposicionar': Ainda segundo Stein, a prefeitura não oferece qualquer apoio a esses empresários. O diretor da Creative Signs e Projetos Visuais, Jorge Koichi Nakay, trabalha com letreiros metálicos diretamente fixados nas paredes e avalia que, nem se adaptando à nova lei, o serviço aumenta: 'A demanda caiu em

> mais de 70%', reclama. 'Realmente não sabemos o que vai acontecer, porque diversas empresas quebraram. É lógico que o trabalho não vai acabar, porque comunicação visual sempre será necessária. A questão é saber quem sobrevive a essa fase de bois muito magros.' Já para o presidente do Conpresp (Conselho Municipal de Preservação do Patrimônio Histórico, Cultural e Ambiental da Cidade de São Paulo) e docente da FAUUSP, José Eduardo de Assis Lefèvre, a situação é animadora. 'A implantação da lei fez uma forte diferença na cidade', avalia. Para Lefèvre, o cuidado com as fachadas deve ser o próximo passo, uma vez que elas começam a ser vistas pela população e pelos próprios comerciantes não só como patrimônio histórico e cultural, mas também como atrativo ao consumidor. (GEROLLA, 2007)

Apesar das reclamações, houve adaptação, porque as atividades econômicas devem se adaptar à normatização da cidade e à realidade das pessoas. A lei segue os princípios da funcionalidade e democracia, tendo em vista o bem que é relevante a todos. "A cidade deve assegurar, nos planos espiritual e material, a liberdade individual e o benefício da ação coletiva" (LE CORBUSIER, 1993, p. 75). O propósito da lei é que a população receba os benefícios da manutenção do patrimônio cultural.

Neste contexto de assegurar o bem comum, a esfera pública entrou em rota de colisão com a esfera privada, representada por vários setores do comércio, indústria e empresas de um modo geral. Se a propriedade é privada, os donos podem usá-la de acordo com interesses específicos. É um direito. No entanto, a poluição visual gerada pela utilização indiscriminada do espaço comum configura-se como uma consequência do uso deste direito. Trata-se do problema ocasionado pelo uso de um recurso, a paisagem urbana, que, quando partilhado por todos, incorre em consequências adversas para a coletividade. No caso da Lei Cidade Limpa, adotou-se a intervenção pública para solucionar o problema. Antes de prosseguir, faz-se necessário distinguir esfera pública e espaço urbano. Esfera pública é a dimensão na qual os assuntos públicos são discutidos pelos indivíduos que atuam nos espectros públicos e privados. Este processo culmina na formação da opinião pública que, por sua vez, age como uma força oriunda da sociedade civil em direção aos governos no sentido de pressioná-los de acordo com seus anseios. Em sociedades complexas a esfera pública forma uma estrutura intermediária que faz a mediação entre o sistema político, de um lado, e os setores privados do outro lado. Já o espaço urbano é uma abstração do espaço social, que é o espaço total. Atribui-se, ao termo urbano, o que se considera próprio das cidades. Não se deve fazer referência ao urbano apenas pelo espaço físico das cidades, mas também pela sua organização social, política e econômica, e pelo modo de vida típico das cidades. A propriedade privada é garantida como um direito dos particulares, mas seu uso sem quaisquer restrições deixou de ser admitido porque a paisagem urbana, incluindo as fachadas dos bens imóveis e móveis privados, passou a ser caracterizada como espaço público. E neste espaço tornado público, a proibição de excessivas manifestações publicitárias imbuiu-se de um caráter libertador. Libertador no sentido de que a arquitetura livrou-se da carga de poluição e os contornos urbanos passaram a refletir a liberdade, a limpeza e a pluralidade do lugar puro e civilizado, sem intervenções ou mascaramentos.

Novas configurações de mídia

A Lei Cidade Limpa trouxe novos recursos de mídia. Além da mídia *indoor* encontrada nos ônibus, nas estações do Metrô, nos centros de compra e em vários outros lugares, a lei ainda estimulou empresas e publicitários a repensarem conceitos de forma, cor e uso inteligente e econômico das marcas. Hoje, uma empresa, em sua fachada, usa letreiros menores, mais pensados e em sintonia com a cor da marca. São elementos que, anteriormente, não eram utilizados com tanta ênfase como recursos de mídia.

Além de reconfiguração urbana, que diz respeito à identidade arquitetônica e aspectos urbanísticos, a Lei Cidade Limpa acelerou um processo que já estava em curso na cidade de São Paulo: uma nova configuração midiática. A mídia migrou dos *outdoors*, das faixas enormes e dos totens gigantescos para outros lugares, adquirindo nova formatação. Dentro desse processo de formação da nova configuração midiática, a mídia indoor foi valorizada. No Metrô, há monitores instalados dentro dos vagões transmitindo notícias e publicidade. Além disso, nas estações, nos espaços reservados para tal finalidade, há cartazes e banners publicitários. Além do Metrô, os relógios da cidade, que fazem parte do mobiliário urbano e são controlados pela prefeitura, também exibem peças publicitárias das mais diversas. A ideia dos monitores espalhou-se por vários estabelecimentos da cidade: padarias, bares, restaurantes e até em elevadores existem monitores transmitindo conteúdo midiático. Certamente é tendência dos novos tempos, mas uma tendência cujo grau de potencialidade passou a ser explorado de forma mais efetiva depois da Lei Cidade Limpa.

Além de todas estas novas configurações midiáticas, há de ressaltar a estratégia de grandes empresas que associam suas marcas a bens culturais. Esta nova configuração ultrapassa as outras formas de comunicação, pois é refinada e agrega grande valor à marca. Ao tomar-se, aleatoriamente, o roteiro cultural publicado pelo "Guia da Folha" para a semana de 18 a 24 de setembro de 2009, (FOLHA DE SÃO PAULO, 18 de setembro, 2009), pode-se ter uma noção dessa nova configuração midiática e da atuação de empresas do setor privado no panorama cultural da maior cidade do país. Na região da Avenida Paulista e dos Jardins ou mesmo no Centro Velho de São Paulo, cinemas, cineclubes, centros culturais confundem-se com bancos: Centro Cultural Banco do Brasil, Itaú Cultural, Espaço Unibanco, HSBC Belas Artes, Frei Caneca Unibanco Arteplex, Centro Cultural Nossa Caixa, entre outros. Teatros recebem nomes de operadoras de celular, como é caso do Teatro Vivo. Há o Cine Bombril e outros espaços que recebem nomes de empresas ou são apoiados por elas. Esta fusão do elemento cultural e do estrato privado tem como objetivo consolidar a imagem da empresa, imbuindo-a de inegável respeito, visto que toda a construção da imagem e da propaganda está ligada à cultura.

Quanto às atividades teatrais, a participação de empresas dá-se de forma diferente. Em vez da posse dos equipamentos culturais, aqui, as instituições financeiras priorizam o patrocínio e o apoio aos espetáculos.

> Enquanto a propaganda é invasiva e claramente uma mensagem paga tentando persuadir ou modificar atitudes, um patrocínio pode tornar-se parte da vida das pessoas. A propaganda é boa em comunicar os atributos e benefícios funcionais, embora a maioria das marcas fortes vá, além disso, para fornecer benefícios emocionais e de auto-expressão para ter uma personalidade e para diferenciá-los quanto a atributos tangíveis. O patrocínio pode ser muito eficaz para estender as marcas além dos atributos tangíveis porque desenvolvem associações que acrescentam profundidade, riqueza e um sentimento contemporâneo em relação à marca e ao seu relacionamento com os clientes. (AAKER; JOACHIMSTHALER, 2000, pp. 215-216)

Shows e concertos acontecem no Credicard Hall e HSBC Belas Artes. A marca Credicard associa-se à multiplicidade de artistas que se apresentam na casa. Evidentemente, é exposta a uma variedade pública enorme, pois contempla, através dos shows, eclética audiência com poder aquisitivo alinhavado ao perfil da empresa.

O rápido exame do "Guia da Folha" da citada semana permite uma visão panorâmica da atuação do setor privado no âmbito cultural de São Paulo e novas configurações midiáticas, que vão além de *outdoors* gigantescos espalhados pela cidade como acontecia antes da Lei Cidade Limpa. Após a Lei Cidade Limpa, empresas de publicidade e as próprias empresas se adaptaram e adotaram novos formatos de comunicação. Neste caso, tais configurações já estavam em curso. O que houve foi que lei serviu como elemento catalisador, acelerando o processo.

Considerações finais

As transformações proporcionadas pelo capitalismo nas últimas décadas, ao definirem novos patamares nas relações entre economia, política e território, evidentemente repercutem nas cidades. O atual padrão de desenvolvimento do capitalismo, fortemente guiado pela propaganda, tem imposto um padrão orientado para o uso intensivo da mídia nos espaços urbanos. Significa que as cidades, principalmente as grandes metrópoles, estão infestadas de publicidade. No caso de São Paulo, a mídia externa proliferou-se de tal e insuportável modo que não houve solução senão criar uma lei para regulamentar a ocupação do território. Com a Lei Cidade Limpa, a cidade de São Paulo passou por um processo de reestruturação, que redesenhou os modos de gestão, produção, vida e sociabilidade da urbe. A Lei Cidade Limpa incitou discussões sobre o papel da mídia nas sociedades contemporâneas e sua conexão com a esfera pública, favorecendo a conformação de uma esfera pública atuante. Partindo deste pressuposto, a Lei Cidade Limpa pode ser usada como modelo a ser adotado por outras grandes cidades com o intuito de diminuir o impacto da poluição visual e os abusos da propaganda, sempre tendo em vista o bem-estar da coletividade. Assim sendo, promoveu uma reconfiguração urbana e também modificou a comunicação midiática em São Paulo, criando novos formatos de comunicação. Processo que já estava em curso, mas que foi acelerado pela lei. Esta nova configuração midiática envolve a associação de marcas a elementos culturais, agregando valores à marca.

REFERÊNCIAS

AAKER, David; JOACHIMSTHALER, Erich. *Como construir marcas líderes*. São Paulo: Futura, 2000.

CASTELLS, Manuel; BORJA, Jordi. *As cidades como atores políticos*. São Paulo: CEBRAP, Novos Estudos, n. 45, jul. 1996.

FOLHA DE S. PAULO, 18 set. 2009.

GEROLLA, Giovanny. Cidade Limpa. In: *Arquitetura&Urbanismo*. Set. 2007.

HARVEY, David. *A condição pós-moderna:* uma pesquisa sobre as origens da mudança cultural. São Paulo: Editora Loyola, 1992.

LE CORBUSIER. *A carta de Atenas*. São Paulo: Hucitec-Edusp, 1993.

ROSSI, Aldo. *A arquitetura da cidade*. São Paulo: Martins Fontes, 1995.

RYKWERT, Joseph. *A sedução do lugar*. São Paulo: Martins Fontes, 2004.

WEINER, Norbert. *Cibernética e sociedade*. O uso humano dos seres humanos. São Paulo: Cultrix, 1993.

Sociedade de consumo: representações da sustentabilidade na propaganda

Solimar Garcia

Mestre em Comunicação pela Universidade Paulista (UNIP). Professora do Instituto de Ciências Sociais e Comunicação da Universidade Paulista e do Ensino à distância da Universidade Paulista (UNIP Interativa). Jornalista, publicitária e empresária. É pesquisadora do Grupo de Pesquisa "Mídia, Cultura e Política: identidades, representações e configurações do público e do privado no discurso midiático", cadastrado no CNPq.

A sustentabilidade e a responsabilidade social têm se tornado tema recorrente de muitas peças publicitárias presentes nas variadas mídias, que refletem, principalmente na última década, esses temas que têm sido utilizados por muitas empresas, como Banco Real, Bradesco, Banco do Brasil, Petrobras e a Natura. Esta última já o faz desde o ano 2000, quando lançou sua linha Ekos de produtos ecológicos.

Como a primeira empresa de cosméticos a utilizar embalagens de refil de produtos no Brasil e usar a natureza, a preservação, a sustentabilidade e a responsabilidade social em suas propagandas, a Natura tem se firmado como promotora desse tema na mídia brasileira. Seu reconhecimento público por essas ações aparece principalmente no grande número de prêmios que ela tem ganhado em diversas categorias Brasil afora. Para citar apenas as premiações conquistadas em 2008, a empresa foi eleita por Melhores e Maiores, da revista *Exame*, *Valor 1000*, do jornal *Valor Econômico*, As Melhores da *Dinheiro*, promovido pela revista *Isto É Dinheiro* e *Balanço Anual*, da Gazeta Mercantil, sempre lembrada e ligada a temas de responsabilidade social e de sustentabilidade. Além disso, ainda conquistou o *Top of Mind* na categoria sustentabilidade em internet e foi um dos destaques da 11ª edição do prêmio "As empresas mais admiradas no Brasil", promovido pela revista *Carta Capital* em parceria com o Instituto Interscience.

Só a existência desses prêmios já indicaria a importância que o assunto tem adquirido na sociedade atual. Figurando frequentemente na mídia, o tema da sustentabilidade passou a fazer parte da vida das pessoas nos últimos anos. As propagandas da Natura, e de outras empresas, têm disseminado os temas da sustentabilidade e responsabilidade social, alterando o entendimento e a relação que as pessoas estabelecem sobre estas temáticas. É interesse deste artigo refletir sobre como tem se dado essa relação entre a sustentabilidade apresentada nas propagandas e como o consumidor tem compreendido essa temática, associados ao consumo.

Hoje vivemos, segundo os teóricos estudados neste trabalho, na sociedade de consumo, acirrada, principalmente, após a revolução industrial, em que a oferta de bens passou a ser muito maior do que a necessidade das pessoas em consumir. Além disso, o consumo não representa apenas o ato de consumir, mas esta sociedade está ávida por novidades e por novos objetos que tragam satisfação, numa busca desenfreada de novas possibilidades e conhecimentos.

Os assuntos abordados neste trabalho, consumo, propaganda e sustentabilidade, são abrangentes, oscilantes e propiciam muitas reflexões e demandam ainda muitos estudos no intuito de se encontrar a forma e o lugar que cada um deles está ocupando no mundo contemporâneo. Por um lado, as empresas adotam novas posturas para agradar a um consumidor cada vez mais ativo, exigente e bem informado e que busca novas tendências e parâmetros para uma sociedade mais justa, por outro, ainda não se sabe ao certo se a sustentabilidade é apenas um modismo ou se é um assunto que veio para incorporar-se, definitivamente, à vida empresarial e em suas campanhas de comunicação e nas rodas de discussões acadêmicas e midiáticas, bem como no cotidiano das pessoas. As pesquisas sobre o tema apontam este caminho.

Pesquisas e sustentabilidade

Nos anos 90, os temas responsabilidade social e sustentabilidade começam a aparecer na mídia, mas ainda não há um conceito para ser aplicado e nem seu significado é um consenso. Com a realização da Conferência sobre Meio Ambiente e Desenvolvimento, a Rio-92, no Rio de Janeiro, as questões ambientais tornaram-se preocupações mundiais. No mundo empresarial brasileiro, o tema vai se consolidar a partir da fundação do Instituto Ethos de Responsabilidade Social, uma organização não-governamental (ONG) criada em 1999 por empresários para ajudar as empresas a gerir seus negócios de forma socialmente responsável. A definição adotada pelo Ethos, desde 2005, engloba os conceitos de responsabilidade social e de sustentabilidade e por esta razão será utilizada neste trabalho (www.ethos.org.br acessado em 25.04.2008):

> Responsabilidade social empresarial é a forma de gestão que se define pela relação ética e transparente da empresa com todos os públicos com os quais ela se relaciona e pelo estabelecimento de metas empresariais compatíveis com o desenvolvimento sustentável da sociedade, preservando recursos ambientais e culturais para as gerações futuras, respeitando a diversidade e promovendo a redução das desigualdades sociais.

Dando sequência a este trabalho junto às empresas, foi fundado em 2001, a partir do Ethos, o Instituto Akatu, que trabalha para despertar e mobilizar a sociedade para o consumo consciente, que "é consumir levando em consideração os impactos provocados pelo consumo" (AKATU). A entidade acredita que o consumidor pode, por meio de suas escolhas, diminuir os impactos negativos e aumentar os positivos decorrentes de seus atos de consumo, e assim, contribuir para construir um mundo melhor.

Esta ONG realiza, sistematicamente, em parceria com o Instituto Ethos e a Market Analysis Brasil, instituto de pesquisa de mercado, a pesquisa "Responsabilidade Social das Empresas — Percepção do Consumidor Brasileiro" (AKATU, 2007. Disponível em: www.akatu.net. Acesso: 1 maio 2009). O objetivo da pesquisa, que ocorre desde o ano 2000, é descobrir como o consumidor percebe as práticas de Responsabilidade Social Empresarial das empresas. Em 2007, o resultado apresenta ideias que ajudam a entender o que pensam as pessoas sobre responsabilidade social e sustentabilidade.

Segundo a pesquisa do Akatu, pouco mais do que a maioria dos entrevistados (51%) concorda que a empresa deve ir além de um papel econômico tradicional (gerar empregos, pagar impostos, etc.) e deve contribuir ativamente com a construção de uma sociedade melhor, além de gostar da ideia de o governo obrigar as companhias a ter responsabilidade social. Isto leva a crer que, apesar de estar ciente de seu poder de influenciar as empresas como consumidor, o brasileiro ainda não é ativo em exercer esta influência da mesma forma como mostra interesse pelo tema, o que é demonstrado pelo número expressivo de consumidores que sabem que podem pressionar as empresas, mas não atuam neste sentido quando se trata de cobrar delas ações pertinentes sobre o tema.

Uma outra pesquisa, a Dossiê MTV 2008, que traça o perfil do jovem brasileiro, mostra que, apesar de estar na mídia, o tema sustentabilidade ainda não transforma o cotidiano desse novo cidadão, que não muda de atitude a partir do que conhece sobre o assunto. Os resultados dessas pesquisas apontam para um tema ainda incipiente e carente de discussões junto às diversas camadas da sociedade.

Massacrados pelo excesso de comunicação, hoje os consumidores passaram a enxergar o investimento empresarial em preservação ambiental e responsabilidade social como maneiras de as empresas retornarem à sociedade uma parte do lucro que têm nela, conforme aponta a mesma pesquisa do Akatu. Os resultados dessas pesquisas têm mostrado que as pessoas encontram na sustentabilidade uma atitude a ser adotada para fazer um mundo melhor, o que poderia lhes trazer uma sensação de bem-estar imediato, de estar fazendo alguma coisa para melhorar e cuidar do mundo em que vivem.

Conforme ressalta a pesquisa, as pessoas querem empresas preocupadas com a sustentabilidade, que, por sua vez, mostram que têm essa preocupação por meio de suas propagandas, ou seja representam a realidade por meio delas. O consumo, a sustentabilidade e a relação com as pessoas aparecem na discussão que se inicia a partir da sociedade de consumo e dos objetos que não são apenas produtos, mas imagens e representação de ideias.

Sociedade de consumo: objetos e ideias

No contexto atual, caracterizado como sociedade de consumo, consumir parece ser a principal função do ser humano, e o consumo, a moral do mundo atual. Jean Baudrillard (1969) indica o mundo como uma sociedade-cultura de consumo e, dessa forma, o autor, ao analisar a sociedade vê o indivíduo praticamente apenas como um consumidor. Nesta sociedade, os objetos perderam seu valor de uso, foram fetichizados e assumiram novos sentidos. De consumo de bens econômicos, passamos ao consumo de bens simbólicos. Assim, já não se consomem produtos/objetos; antes deles, se consomem as imagens apresentadas em seu lugar.

O consumo é mola propulsora do capitalismo e do desenvolvimento, e segundo a visão crítica do autor, a abundância precisa do consumismo. Seu conhecido discurso "já não consumimos coisas, mas somente signos" e sua sugestão de que estamos numa "época do signo", mostra que hoje se produz, simultaneamente, a mercadoria, os objetos e os signos, delegando ao último elemento, continuamente, maior importância. "Tem necessidade de alimentar-se das imagens e dos sinais multiplicados da vertigem da realidade e da história" (BAUDRILLARD, 1969, p. 33), e mais adiante (1969, p. 83) "... nunca se consome o objeto em si (no seu valor de uso) – os objetos (no sentido lato) manipulam-se sempre como sinais que distinguem o indivíduo...". No afã deste prazer pelo consumo, vai-se transformando o próprio homem, em objeto de consumo, imagem e signo consumíveis também. Para Zygmunt Bauman (2007, p. 18) "na sociedade dos consumidores, ninguém pode deixar de ser um objeto de consumo".

Baudrillard (1969) reflete sobre o uso exacerbado do objeto como uma experiência em que a relação com eles (objetos) torna-se mais importante do que a própria relação com as pessoas. Para o autor, os homens já não se relacionam com seu semelhante, mas com suas parafernálias tecnológicas, refletidas em um dia a dia mais complexo, em que o encantamento com o objeto e com a publicidade está cada vez mais presente.

Assim, o que se observa a partir dessa concepção, é que a interpessoalidade passou a ser mediada pelos objetos, trazendo como consequência imediata uma supervalorização de sua importância e do prazer que podem, potencialmente, promover. Inicia-se, assim, o excesso de produção, uma vez que a busca pela compensação imediata do homem é infinita e os objetos, por natureza efêmeros, são facilmente substituídos por outros, com a promessa de satisfazer ainda mais as necessidades humanas, sempre reinventadas.

A demanda do prazer rápido, muitas vezes em detrimento da natureza, já foi analisada por Baudrillard no final dos anos 60 do século passado:

> A lógica social apossa-se novamente tanto da abundância como dos prejuízos. A influência do meio urbano e industrial faz aparecer novas raridades: o espaço e o tempo, o ar puro, a verdade, a água, o silêncio... Determinados bens, outrora gratuitos e disponíveis em profusão, tornam-se bens de luxo acessíveis apenas aos privilegiados, ao passo que os bens manufaturados ou os serviços são oferecidos em massa. (BAUDRILLARD, 1969, p. 76)

Zygmunt Bauman (2007) atualiza esta percepção ao afirmar que a preocupação recente com o meio ambiente deve sua popularidade à percepção de uma ligação entre o uso predatório do planeta e às ameaças ao fluxo suave da vida líquida, que é a precariedade da vida atual, onde não existem certezas, e as mudanças acontecem em tempo recorde, sem que haja condições de adaptação das pessoas a ela, ou seja, de incerteza constante. Também é ele quem afirma (2008, p. 164) que "uma das características mais comentadas da sociedade de consumo é a promoção da novidade e o rebaixamento da rotina". Obedecendo a uma lógica perversa, os mercados de consumo são os que se encarregam de desmontar as rotinas existentes e trocá-las por outras, em breve espaço de tempo e o consumidor, quando não consome, sente-se "fracassado" já que sua função principal é ser "comprador ativo e efetivo dos bens e serviços que o mercado oferece" (2008, p. 160). Ao mesmo tempo, "o consumo excessivo é sinal de sucesso", e leva ao aplauso e à fama (BAUMAN, 2008, p. 165). O conceito de sustentabilidade vem no caminho contrário, e propõe que se use menos, pelo menos no que se refere aos recursos naturais, finitos. Apesar disso, quando adotado como tema de propaganda, a proposta lógica das empresas é aumentar o consumo de seus produtos.

Bauman (2007, p. 18) diz que "na vida líquida, a distinção entre consumidores e objetos de consumo é, com muita frequência, momentânea e efêmera e sempre condicional". Usar e jogar fora, consumir, o homem é uma "mercadoria comodificada" (BAUMAN, 2008, p. 126). É a própria necessidade humana de se transformar em mercadorias cada vez mais atraentes. Isso pode explicar vagamente o poder que tem adquirido as marcas na sociedade moderna. As pessoas consomem os símbolos que elas representam, que podem denotar poder e *status*. É a criação de uma imagem nova e aperfeiçoada (BAUMAN, 2008, p.130) a acontecer não apenas uma única vez, mas condenada a eternamente se aperfeiçoar com novas possibilidades e ideias. Uma mercadoria que para sempre se renova para atender aos anseios da sociedade de consumo, composta por um homem, ele mesmo modificado como mercadoria para atender a esta sociedade de consumo.

Marcas e propaganda: representações da sustentabilidade

Para mostrar o apreço pela cidadania e chamar a atenção de seus consumidores, algumas empresas utilizam o caminho politicamente correto, mostrado principalmente por meio da responsabilidade social e da sustentabilidade em suas campanhas de propaganda. O entendimento do que é sustentabilidade para algumas empresas explica esse uso do conceito em suas propagandas. Uma grande empresa da área financeira, o Banco Bradesco, mostra em seu *site*, na área de responsabilidade socioambiental (Disponível em: www.bradesco.com.br. Acesso: 18 out. 2009) que conta, desde setembro de 2005, com "Política Corporativa de Responsabilidade Socioambiental". Segundo a empresa, o documento formaliza sua relação "com a prática, o incentivo e valorização da responsabilidade socioambiental" e "bem como seu compromisso com a criação de produtos sustentáveis e que conciliam seus objetivos aos interesses da comunidade" (BRADESCO)

Também na área de Relações com Investidores de seu *site*, a Petrobras demonstra o que entende como sustentabilidade (Disponível em: www.petrobras.com.br. Acesso: 18 out. 2009) e diz que a companhia "está consciente de sua responsabilidade social e cumpre sua missão de empresa cidadã, atuando como agente de desenvolvimento humano sustentável". Em suas informações mostra que a função de uma empresa não se resume mais a dar lucro e emprego, pagar impostos e respeitar a lei. Vai além:

> A Petrobras entende que ao produzir interage com o meio ambiente e consome recursos naturais, patrimônio de todos. Por isso, considera que é seu dever prestar contas à sociedade quanto ao impacto de suas atividades sobre a biosfera. Todos os procedimentos de informação e segurança foram revisados, assim como foram reavaliados todos os programas de treinamento do pessoal envolvido. (PETROBRAS, 2009)

Os consumidores, por sua vez, estão cada vez mais cientes do aumento de seu poder junto à sociedade. Mais exigentes e melhor informados sobre as reais intenções empresariais mostradas por meio de ações responsáveis, eles exigem novas posturas empresariais.

A propaganda apreende e se apropria muito bem da forma como vive esse consumidor e a sociedade em geral e desenvolve, a cada época, motes específicos a serem explorados nas campanhas de comunicação, que nos últimos anos assistiram à ascensão do tema sustentabilidade e responsabilidade social empresarial. Fruto de engajamento de muitas pessoas, incluindo os funcionários, hoje esses assuntos povoam as propagandas de televisão e de rádio e estão espalhados por todo tipo de mídia: impressa (jornais, revistas, etc.), e mais recentemente, virtual (internet) e outras mídias alternativas.

A Natura é uma empresa que tem utilizado este tema, e fortalecido sua marca a partir de conceitos que se mostraram simpáticos à sociedade. Em seus anúncios, geralmente, a empresa destaca o uso que faz de compostos vindos da natureza e como os aplica na fabricação de seus produtos, além de chamar a atenção para o uso racional das riquezas finitas e naturais e enfatizar as ações sociais que encabeça nas comunidades em que atua. Tudo isso para sempre lembrar ao consumidor que está preocupada com o futuro do planeta e ser lembrada por ele também dessa forma, como uma empresa sustentável e que pratica a sustentabilidade, representando os cuidados com o meio ambiente.

Seus diversos públicos (consumidores, comunidade, consultoras, etc.) quase sempre são retratados na propaganda de forma a fazer crer ao comprador em potencial da marca que foram "flagrados" espontaneamente, isto é, que estão se comportando o mais próximo possível da realidade. Em outra abordagem da empresa, aparecem mulheres com idade mais avançada em suas propagandas, como nas que figuram na sequência de cinco anúncios que seguem com imagens de mulheres maduras, que fizeram parte da campanha "mulher bonita de verdade". Esta atitude é um feito raro na mídia em geral, sempre povoada por lindas figuras juvenis.

Natura, série de cinco anúncios de página dupla com o tema "mulher bonita de verdade"

O slogan da empresa, "Bem Estar Bem", reproduz a ideia de sentir-se bem em todos os sentidos, inclusive como consumidores. Usado como uma extensão do nome e da marca, o slogan da Natura é uma referência à sustentabilidade. Traçando um paralelo com a visão de Baudrillard, a empresa estaria facilitando a utilização de seus produtos e marcas como um álibi para seus usuários, ou seja, o produto em si importa menos que o sentido político de sua utilização. A função do objeto passa a ser, então (1982, p. 292)

> [...] álibi para as significações latentes que impõe, assim também na publicidade e com tanta maior amplidão por se tratar de um sistema de conotação mais puro – o produto designado (sua denotação, sua descrição), tende a não passar de um álibi, sob a evidência do qual se desenvolve toda uma confusa operação de integração.

Pioneira no uso de refil para seus produtos, a empresa explora este conceito como tema de suas campanhas de comunicação. Assim, quem compra um produto pela primeira vez, tem uma embalagem de melhor qualidade, em que, posteriormente, poderão ser depositadas novas doses de produto adquiridas sob a forma de refil. Isso resolveria, em tese, o que para Bauman (2007, p. 17) seria o principal problema da sociedade líquido-moderna de consumo: "o lixo, o mais abundante produto dessa sociedade".

Há críticas sobre a utilização dos refis, quando o discurso da sustentabilidade vai para esse caminho. O argumento é que as embalagens dos refis também são poluentes, e não deixam de ser um elemento a mais para ser descartado, aumentando o problema da remoção do lixo. A empresa não concorda com essa ideia. Segundo o diretor de comunicação da Natura, Marcelo Soderi, em entrevista concedida em 14 de maio de 2009, as embalagens dos refis são recicláveis, e feitas a partir de materiais reciclados. É Retondar (2008, p. 41) quem vai explicar:

> A constituição dos objetos de consumo na modernidade irá obedecer a este movimento de superação constante, em que os aspectos de descartabilidade e efemeridade irão se tornar condição indispensável à sustentação da moderna sociedade de consumo.

Nas palavras de Bauman, o que mantém a economia em expansão é o ciclo do "compre, desfrute e jogue fora". Por isso, em sua visão, o consumidor jamais está satisfeito e nem deve ser esse o objetivo, pois isso detonaria a "sociedade de consumidores" (2008, p. 126).

Contra o desperdício, portanto, a Natura anuncia o uso dos refis como algo melhor para o planeta. O conceito de refil para seus produtos faz um contraponto ao pensamento de Baudrillard (1969, p. 17), que cita a profusão e os excessos provocados pelo mercado, a mercadoria sendo transformada em graça coletiva, onde há abundância e consumo. O consumo de produtos que possam ter suas embalagens reutilizadas pode ser um fator de graça coletiva, (BAUDRILLARD, 1969, p. 17): compra-se um produto com duas utilidades, uma, o produto em si, e a outra, servir de embalagem e repositório para as próximas compras do mesmo produto. O produto se renova no uso do refil. Uma terceira forma vai atingir um grupo de pessoas que respeita o meio ambiente de uma forma simbólica, por onde se consomem as imagens também.

Como já foi dito anteriormente, os indivíduos estão cada vez mais isolados em suas práticas pessoais e buscam satisfazer suas sensações de forma imediata, sem conseguir encontrar significados coerentes para elas. Esse é o cerne da sociedade-cultura de consumo. O prazer é estético e superficial e a regra é sentir-se gratificado. Para isso, a publicidade assume um papel central, pois ela induz ao conforto emocional e, no limite, à regressão infantil, gerando a "lógica do Papai Noel", proposta por Baudrillard:

> O que ela (criança) consome por meio dessa imagem, dessa ficção, desse álibi – e em que acreditará mesmo quando deixar de crer – é o jogo da solicitude miraculosa dos pais e os cuidados que estes assumem em ser

> cúmplices da fábula. Os presentes apenas sancionam tal compromisso. (BAUDRILLARD, 2000, p. 293)

Bauman (2008), mais uma vez, explica que o sentimento de pertença é obtido pela identificação do indivíduo com determinadas "marcas", geralmente encontradas nas lojas, pois elas podem desempenhar esse papel de incluí-lo na sociedade. Para o autor, (2007) o consumo, especialmente o desenfreado, é uma questão sócio-política, pois preserva os interesses dos grupos de poder, enquanto o consumidor se torna sua vítima, por não conseguir sentir-se livre para fazer suas escolhas, como se suporia em regimes democráticos. Assim, o uso da sustentabilidade e da responsabilidade social apresentadas pelas empresas em geral e pela Natura, em suas campanhas de propaganda, poderia ser entendido, principalmente, como elemento facilitador da democratização do consumo, pois traz novos interesses e permite às pessoas sentirem-se parte integrante e importante do mundo. As propagandas da Natura podem ser vistas, dessa forma, como democratizadoras da sustentabilidade.

Apesar de difundir o discurso do cuidado com o planeta, suas propagandas sugerem também outros temas abordados por Baudrillard como o distanciamento entre o trabalho e o produto do trabalho. Pode-se observar a distância que há entre a produção de seus produtos e o consumidor que os compra, em algumas propagandas, que geralmente são permeadas pelo tema da sustentabilidade, com a profusão de imagens de florestas, natureza, rios e água. Por isso, apesar da sustentabilidade declarada, há a dissociação de sua produção real na visão das pessoas comuns, do trabalho real empenhado na confecção de seus produtos.

Pessoas reais que também se encarregam de vender e apresentar seus produtos, as consultoras da Natura são o foco maior de investimento em comunicação e *marketing* da empresa. A fala do diretor de comunicação da empresa, Marcelo Soderi, mostra o quão importante é esta forma de venda para a continuidade dos negócios empresariais: "o canal de vendas é o público principal das comunicações da empresa e é formado por um batalhão de 725 mil revendedoras no Brasil, chegando a quase um milhão na América Latina (SODERI, 2009).

Sobre o mesmo assunto Eduardo Costa, diretor de *marketing* da Natura, explicou:

> [...] seguramente o mais importante para a Natura, que tem seu modelo de venda direta, são as próprias consultoras. Elas são responsáveis por grande parte da comunicação da empresa. São elas que vendem os conceitos da marca. Quanto mais investimos na capacitação das consultoras, melhor será a nossa propaganda (JB ONLINE, 2008).

As consultoras atuam na venda de perfumes e cosméticos por meio de catálogos impressos em papel reciclado. "Este é o público primário para comunicação institucional e de vendas" explica Marcelo Soderi, e "que recebe, a cada 21 dias, junto com o catálogo, três exemplares da revista Consultoria Natura, um total de três milhões". Um número nada sustentável para uma empresa que anuncia prezar este valor. De qualquer forma, o catálogo da empresa é um shopping ao alcance das mãos do consumidor ávido por novidades e quase sempre validado pelos produtos que consome, não os produtos em si, mas o que representa para a sociedade esse consumo. Para Baudrillard (1969, p. 18), isso pode ter transformado a maneira de comprar, pois altera a relação do consumidor com o objeto, que passa a ter "um sentido global diferente do que tem individualmente" em que

> A vitrine, o anúncio publicitário, a firma produtora e a marca, que desempenha aqui papel essencial, impõem a visão coerente, coletiva, de uma espécie de totalidade indissociável, de cadeia que deixa de aparecer como série organizada de objetos simples e se manifesta como encadeamento de significantes, na medida em que se significam um ao outro como super objeto mais complexo e arrastando o consumidor para uma série de motivações mais complexas.

Imagens do catálogo Natura. Segundo Bauman (2008, p. 131), "o mundo habitado por consumidores é um contêiner de peças sobressalentes que nunca se esgotam".

Segundo Baudrillard, essa forma de consumir por meio de catálogos traz motivações mais complexas, que não seja consumir o objeto em si, mas sua representação de significados diferentes do que realmente é. Ele sugere que essa divisão dos produtos em categorias, bem como as formas de comprar, nas lojas, nas *drugstores*, em que a organização dos produtos coloca o consumidor em contato próximo com eles, traz quase uma obrigatoriedade ao consumidor: a de comprar.

Considerações Finais

Apesar do discurso democratizante sobre a sustentabilidade que aponta para o cuidado com o planeta, de alguma forma a Natura não assume isso completamente quando utiliza ainda elementos cancerígenos em seus produtos ou quando utiliza uma mão de obra sem qualquer benefício legal, como carteira assinada e salários compatíveis para suas consultoras (vendedoras), que são mal remuneradas e representam um grande contingente de pessoas que propagam seus produtos de forma nada sustentável, seja em qual sentido for que se utilize a palavra. De qualquer forma, essas atitudes são totalmente contrárias aos conceitos de sustentabilidade e de responsabilidade social disseminados pela empresa, comprovando o fato de que o mote da sustentabilidade é um processo de representação de uma ideia cara à sociedade.

No início das discussões sobre sustentabilidade, nem o próprio nome e a palavra eram um consenso. Traduzida do inglês *sustainability*, a palavra sustentabilidade, há dez anos, tem trazido o debate à sociedade e chamado atenção para as preocupações ambientais. Assim, muitas empresas têm utilizado esse tema em suas propagandas para mostrar o que elas fazem em relação à responsabilidade social, incluído aí o assunto meio ambiente e sobrevivência do planeta. Esse uso da comunicação, com foco em sustentabilidade, pode, no entanto, exercer um papel contrário e fazer com que as empresas passem a ser vistas apenas como usuárias do *marketing* de boas causas em benefício próprio.

Se, por um lado, a empresa tem atitudes responsáveis nas comunidades em que atua, por outro, pode fazer passar despercebido que geralmente as empresas, incluindo aí a Natura, são indústrias poluentes. Numa era em que o consumo tem sido a tônica, as propagandas da empresa mostram, ou procuram mostrar, que ela cumpre sua função social e ambiental. Estão aí, portanto, os consumidores apenas consumindo os símbolos apresentados pela empresa por meio da propaganda.

A presunção de que haja o bastante para todos, que os recursos e os bens são inesgotáveis e que se vive na plena abundância eterna é totalmente oposto ao que se entende por sustentabilidade. Preservar os recursos para as gerações futuras seria possível, dessa forma, a partir do discurso midiático apresentado pela propaganda que trata da questão da sustentabilidade. O problema é saber o quanto de real e de sustentável existe realmente nesses conteúdos de propaganda que podem passar despercebidos pelo consumidor.

Além disso, a sustentabilidade mostrada na propaganda pode não refletir exatamente a sustentabilidade real do planeta. Ela é apenas uma reprodução da imagem que se pretende passar. Bauman e Baudrillard mostram que tudo pode ser consumido da mesma forma, como imagens que são, representações do que se deseja consumir.

Criar sustentabilidade a partir do discurso utilizado na propaganda é um desafio e tanto para as empresas, pois requer uma mudança na postura das pessoas, e não apenas uma atitude empresarial. Apesar do esforço e da lentidão dos processos de mudança, a propaganda utiliza o tema como forma de mostrar que as empresas estão fazendo alguma coisa pelo planeta. Isso não necessariamente é entendido assim pelas pessoas.

Jean Baudrillard (2000) mostra que a propaganda, em seu início, tinha apenas a função de informar e passa a ter a persuasão como principal razão de ser. Apesar da mudança no foco, as pessoas desenvolvem a capacidade de reagir. "Em suma, o discurso publicitário dissuade ao mesmo tempo em que persuade e daí parece que o consumidor é, senão imunizado, pelo menos um usuário bastante livre da mensagem publicitária" (BAUDRILLARD, 2000, p. 292), o que o tira da condição de refém da propaganda.

Se as pessoas se adaptam ao discurso publicitário, conforme mostram as pesquisas anuais dos Institutos Ethos e Akatu sobre o tema, citadas no início deste trabalho, e a partir de respostas sobre a importância do engajamento empresarial com o assunto, as propagandas podem estar cumprindo seu papel de chamar a atenção para a sustentabilidade.

A transformação da sociedade globalizou a preocupação com o meio ambiente e com o que sobrará de planeta para os descendentes do homem que habitarão a Terra. A satisfação imediata, tão desejada, vai sendo transferida para o que se vê, aos prazeres rápidos, virtuais e intensos. Nesse sistema de signos em que a publicidade apresenta a representação do objeto sempre como possibilidade de satisfação, e, justamente de forma inversa, não mostra o mundo real, isso pode levar à frustração, pois percebe-se que "a imagem cria um vazio" (BAUDRILLARD, 2000, p. 295).

Uma sociedade de seres vazios, que querem pertencer ao espaço em que vivem. Bauman afirma (2007) que segurança e liberdade não caminham juntas quando se pensa na sociedade atual. O homem de hoje tem insegurança porque perdeu sua ligação com o lugar original em que vivia, que lhe trazia esse aconchego do lar, e não sente pertencer a lugar algum. Para o autor (BAUMAN, 2007, p. 44) o caminho que leva à identidade "é uma batalha em curso e uma luta interminável entre o desejo de liberdade e a necessidade de segurança, assombrada pelo medo da solidão e o pavor da incapacidade". Esta visão do autor aponta para a certeza de que há sempre um embate entre a liberdade e a segurança e deve-se escolher de que lado se vai seguir.

O conceito de sustentabilidade nas campanhas de comunicação, representados principalmente pelas imagens de natureza, podem fazer uma ponte entre o homem atual e essa sua busca por segurança e sua possível refragmentação no que é apresentado pela mídia e pela propaganda em geral. Por isso, a sustentabilidade das propagandas satisfaz uma necessidade natural do homem: a de voltar para um lugar em que possa ser protegido.

Se o ambiente não mais prover a água, a natureza, o alimento, é provável que coloque em risco a própria continuidade do homem. "Estar à frente indica uma chance de segurança e de certeza da segurança" (BAUMAN, 2008, p. 108). Para o autor, a vida de consumo sente falta da segurança na vida dos consumidores. Espera-se que a tentativa de compreender a preservação do planeta possa ser sentida como uma questão de segurança. Segundo o autor (BAUMAN, 2007, p. 52), no entanto, "as chances de um apoio à mudança no equilíbrio entre liberdade e segurança seriam maiores se a própria escolha fosse um exercício de liberdade", situação em que os consumidores apenas engatinham, aprendendo a dar os primeiros passos, fazendo escolhas de qualidade.

A referência coletiva, onde o consumo é individual, e o bem deveria ser coletivo, segundo a visão de Baudrillard (e o é, a partir de sua produção para o país, os ganhos dos trabalhadores e das empresas) mostra que no consumo exacerbado, o desperdício (apesar do uso de refis) nada tem a ver com o que realmente se consome. Afinal, o consumo é de signos, de ideias e de satisfação imediata com produtos que não atendem às necessidades atuais das pessoas. O consumo atende, no entanto, às necessidades que estão inseridas por meio da publicidade e a principal delas é o consumir sem pensar. "A vida de consumo não pode ser outra coisa senão uma vida de aprendizado rápido, mas também precisa ser uma vida de esquecimento veloz" (BAUMAN, 2008, p.124). Quem sabe a sustentabilidade seja mais um tema para ser consumido e descartado.

REFERÊNCIAS

AKATU. Disponível em: www.akatu.net. Acesso: 18 out. 2009.

BAUDRILLARD, Jean. *A Sociedade de Consumo*. Lisboa: Edições 70, 1969.

BAUDRILLARD, Jean. *O sistema dos objetos*. 4. ed. São Paulo: Editora Perspectiva, 2000. 232 p. (Debates, 70).

BAUDRILLARD, Jean Significação da publicidade. In: LIMA, Luiz Costa (Org.). *Teoria da cultura de massa*. Rio de Janeiro: Paz e Terra, 1982, p. 289 a p. 297.

BAUMAN Zygmunt. *Vida Líquida*.Tradução de Carlos Alberto Medeiros. Rio de Janeiro: Jorge Zahar Editor, 2007.

BAUMAN Zygmunt. *Vida para Consumo*. A transformação das pessoas em mercadoria. Rio de Janeiro: Zahar, 2008.

BRADESCO. Disponível em: www.bradesco.com.br. Acesso: 18 out. 2009.

NATURA. Disponível em: www.natura.net. Acesso: 18 out. 2009.

PENTEADO, Claudia. JB Online. Coluna Claudia Penteado – Negócios e Propaganda. 27 de fev. 2008. Disponível em: www.jbonline.com.br. Acesso: 15 out. 2008.

PETROBRAS. Disponível em: www.petrobras.com.br. Acesso: 18 out. 2009.

RETONDAR, Anderson Moebus. *Sociedade de consumo, modernidade e globalização*. São Paulo: Annablume, 2008.

SODERI, Marcelo. Entrevista concedida em 14 maio 2009.

Uma reflexão sobre a geração "C"

Sonja Marques Rodrigues Antiqueira

Mestre em Comunicação pela Universidade Paulista (UNIP). Diretora executiva pedagógica da rede particular de ensino, filósofa e psicopedagoga. É pesquisadora do Grupo de Pesquisa "Mídia, Cultura e Política: identidades, representações e configurações do público e do privado no discurso midiático", cadastrado no CNPq.

Contribuir para a compreensão das relações sociais que se constituem no mundo que nos cerca é tarefa árdua, podendo até tornar-se duvidosa, pois inúmeros são os caminhos, dependendo das escolhas e das estratégias que podemos utilizar.

Se for nosso intuito desvelar alguns parâmetros constitutivos das relações sociais, travadas na modernidade tardia a partir do ambiente da cibercultura[1], contribuindo para a melhor compreensão da nova forma que as interações sociais assumem num mundo mediado pela máquina, parece-nos que a observação dos nativos[2] é referencial de excelência para nossa compreensão. Em busca de coerência com o tema, fidelidade e maior consistência na observação, escolhemos como meio o ambiente virtual do You Tube[3]. Aí encontramos o vídeo *Rafinha 2.0* que será nosso ponto de partida para a discussão sobre as mudanças ocorridas na sociedade tecnológica. Também nos reportaremos ao entendimento do que constitui a modernidade tardia e do perfil identitário por ela sugerido, a fim de nos aprofundarmos na temática da relação homem e tecnologia.

Criado em 2007, ano da 1ª Conferência Web 2.0 sobre a revolução da comunicação e da economia causada pelas mudanças tecnológicas, pela equipe da TV1[4], sob a orientação de seu diretor Gustavo Donda, em pouco mais de 9 minutos, as imagens nos convidam a uma reflexão sobre as novas formas de comunicação mediadas pela tecnologia. Comunicar-se no mundo globalizado, onde a disputa por formação e informação é cada vez mais forte, implica em inteirar-se do universo tecnológico.

Rafinha 2.0 é um vídeo documentário do contexto comunicativo atual, presente desde 2007 no You Tube e exibido na rede 75.511

1 Forma sociocultural que advém de uma relação de trocas entre a sociedade, a cultura e as novas tecnologias.

2 Nativo – nascido em ambiente predominantemente tecnológico.

3 YouTube é um *site* que permite aos seus usuários carregarem e compartilharem vídeos em formato digital.

4 TV1 - Rede Independente S.A. Foi uma das estações televisivas que se candidatou ao concurso de atribuição de licenças de televisão privada, no princípio dos anos 90. Era liderada por Proença de Carvalho e estava ligada ao grupo empresarial do jornal *Correio da Manhã* (Presselivre).

vezes[5]. Estabelecida a relação entre o tempo de exposição na internet e o número de exibições, identificamos quantidade expressiva de acessos, o que nos suscita a ideia de uma identificação dos internautas com o tema abordado ou, no mínimo, uma inquietante curiosidade diante da temática proposta. De uma forma ou de outra, independente da justificativa para o volume de acessos, consideramos que o vídeo apresenta questões que nos estimulam a investigar as novas formas de se apresentar ao mundo da modernidade tardia.

O vídeo *Rafinha 2.0* insiste na importância da interatividade da Web 2.0 que interliga, para além dos computadores, pessoas em qualquer tempo e lugar, proporcionando uma mudança de comportamento na sociedade, no mercado e nas empresas. Segundo seus criadores, a tecnologia é responsável pela conversão do mercado de massa em mercado de nichos com variedade de escolhas. São os consumidores que, na interatividade da rede, constroem ou destroem a imagem das empresas. Eles não se interessam apenas pelo consumo dos produtos. Para além da produção de bens, exigem que as marcas transmitam experiências de integração entre o mundo físico e o mundo virtual. Não é foco de nosso estudo, neste artigo, o entrelaçamento do mundo físico e virtual. Todavia, em breve comentário, cabe-nos registrar que o desafio deste entrelaçamento já vem, aos poucos, mostrando evolução. O Wii[6] comprova isto.

Imerso no universo tecnológico encontramos nosso personagem *Rafinha 2.0.* Um jovem "supernormal"[7] parecido a tantos outros espalhados pelo mundo, que parece estar indiferente a todas estas transformações, pois não as vê como mudanças: elas constituem seu cotidiano. Rafinha faz parte da Geração "C"[8]: conteúdo, colaboração, conectado. Com dezesseis anos, nascido e criado no mundo da tecnologia, ele não o conhece sem internet, nem banda larga. Assim como seus amigos, tem computador no quarto, MP3, iPod turbinado para vídeos, câmera digital e faz compras *on line.* Escolhe o que assistir na sua lista de preferências de produções de cinema

5 Número de acessos até 18 out. 2009.

6 Jogo interativo produzido pela Nintendo.

7 Expressão utilizada pelo vídeo.

8 Denominação dada pelo vídeo.

até vídeos amadores. Raramente adquire um CD. Suas músicas são "baixadas" da internet em *sites* compartilhados. Em seu tempo livre surfa na internet sem destino, conversa no MSN, posta mensagens no *blog* e coloca fotos no *fotolog*, joga videogames com os amigos. Conhece as ferramentas de edição de imagens, de texto e áudio e produz seus conteúdos. Não lê jornais e não assiste ao noticiário na TV, mas acompanha, através da web, as discussões sobre tecnologia e cultura.

Iniciamos nossa reflexão relembrando o ingresso do computador na produção. Por muitos anos os setores administrativo e financeiro das empresas contaram com a velocidade e o ritmo dos programas de informática para organizar e aperfeiçoar o trabalho. O avanço das técnicas de informatização possibilitou ao computador sair do escritório em direção à esfera da produção. Aparentemente esta pequena mudança provocou na sociedade de consumo uma transformação dos costumes. Se antes a produção era regida pela quantidade, daí a expressão "produção em massa", com o advento do computador surge a possibilidade da variedade. É possível produzir em pequena quantidade com grande variedade. Está longe o tempo em que as sandálias Havaianas — macias, resistentes, não soltam as tiras e não têm cheiro — eram encontradas em um único modelo. Hoje a aquisição de uma sandália Havaiana demanda do consumidor um posicionamento diante da cor, da estampa, do modelo, do formato, das tiras, da espessura do solado, do preço. O mundo da escolha constante, das infinitas combinações e possibilidades.

A diversidade e as possibilidades nos chamam para a necessidade da escolha. O que devemos escolher? Qual é a melhor opção? Viver na modernidade tardia[9] é deixar-se acompanhar, renovadamente, por um sentimento de insegurança que se manifesta a cada escolha. O mundo de Rafinha é o mundo das escolhas porque é o mundo da interação.

9 Segundo Giddens (2002), modernidade tardia é o período atual do ocidente que se caracteriza pela exacerbação dos parâmetros da modernidade. Ao romper com a sociedade tradicional, cuja identidade social é constituída sobre os parâmetros da tradição, do parentesco e da localidade, a modernidade tardia oferece ao indivíduo uma identidade mutável. Distante das referências da tradição, o sujeito constitui-se em reflexão num mundo de diversidades e escolhas.

A possibilidade da escolha é resultado de um processo que considera a interação e se constitui por meio de instrumentos tecnológicos.

A predominância dos equipamentos informáticos, primeiro na produção e depois na cultura cotidiana, concedeu ao ciberespaço o *status* do lugar por onde circulam, ampliam e se desdobram informações e representações espelhadas do mundo social. A presença do computador não revolucionou apenas a esfera da produção; revolucionou as possibilidades de contato e interação entre as pessoas. Na era da cibercultura quanto mais nos informatizamos mais nos socializamos. Na era da convergência digital, a palavra de ordem é manter-se conectado permanentemente. É fato que, cada vez mais, nossa sobrevivência depende das máquinas. É para lá que estamos aos poucos transferindo muito mais que nossa memória, nossos registros e, de certa forma, nossa existência. De forma linear e crescente, é pelo computador que estamos nos relacionamos e tendo visibilidade, procurando saber quem somos para expressarmos nossas ideias. A geração Rafinha é conectada; conhece e se apropria do mundo pelo computador.

Com a web as informações ganham outro ritmo. A todo instante, de qualquer parte do mundo "plugado", informações podem ser acessadas num movimento acelerado e uniforme. É possível abrir várias janelas no computador e simultaneamente informar-se, conversar com outras pessoas, fazer movimentações financeiras, comprar e outras infinitas ações. Segundo Cazeloto (2007, p. 169), os parâmetros da cibercultura nos demandam opções cotidianamente, numa velocidade e aceleração contínuas:

> De todos os traços constituintes e mútuos entre a informatização do cotidiano e a pós-modernidade, o mais marcante é, sem dúvida, o vetor da velocidade. A mudança acelerada e sem finalidade é um ponto nodal que faz convergir esses dois movimentos, interagindo-os tanto ao nível da produção quanto ao da cultura.

O computador provocou uma verdadeira transformação nas possibilidades de contato e interação entre as pessoas. Com a rede mundial podemos nos comunicar com qualquer pessoa, em qualquer instante, independente do lugar. Partimos de locais diferentes para nos encontrarmos em um só: web 2.0. Segundo o vídeo, "Não há mais como nem por que parar."

Parece-nos pertinente, neste momento do texto, uma reflexão sobre conexão e interação. Já afirmamos que a rede nos permite abrir várias telas simultaneamente, mas perguntamos se esta ação pode ser considerada uma interação. Poder estar em vários lugares ao mesmo tempo não garante, necessariamente, interação. Posso estar em vários locais sem estar em nenhum. Além disso, sabemos que no processo comunicativo o meio é um dos fatores determinantes. Também é de nosso conhecimento a ausência de neutralidade ou transparência no ato comunicativo. Assim sendo, cabe-nos considerar que também no espaço virtual precisamos considerar os limites e os filtros pertinentes a este meio. Interagir na mediação implica acatar as normas pré-estabelecidas, seja pela máquina, seja pelo programa. Perguntamo-nos: será que a interação na rede é espontânea e democrática? Segundo o vídeo *Rafinha 2.0*:

> As ferramentas de produção foram democratizadas. Deixamos de ser consumidores passivos para atuar como produtores ativos. A web deixa de ser uma rede que interliga computadores para ser uma rede que interliga pessoas em qualquer lugar, em qualquer momento.

Para estar em interação, sabemos ser necessário cumprir os protocolos estabelecidos, por exemplo, pelos programas. De que forma podem nos considerar ativistas da produção se nossa ação está condicionada a uma forma previamente estabelecida de interação? Em outras palavras: posso interagir desde que os protocolos de interação assim o possibilitem.

Podemos ainda afirmar que a interatividade mediada tecnologicamente naturaliza a relação homem — máquina e o faz com tamanha intensidade que chega a nos convencer, por alguns momentos, o quanto é antiquado uma interação não mediada tecnologicamente.

Ainda no tema das interações, vale destacar o conceito de prontidão, ou seja, a habilidade de responder de forma imediata ao chamado da interação, sem tempo para a reflexão. Com o computador a velocidade foi coroada e supervalorizada. Não há mais limite para o tempo, para o espaço e para a velocidade. Tudo se transforma muito rapidamente. Vivemos numa corrida contra o tempo e nossas produções confirmam a busca da velocidade: "Sapataria rápida", "Revele suas fotos na hora", "Almoço Express". É o reinício que rege a modernidade tardia. Não há início ou fim definitivo; o que existe é o reinício. Habituamo-nos a mudanças constantes, a tal ponto que nossas certezas são nossas incertezas.

Com a rapidez perdemos aos poucos a capacidade de reagir. É como se substituíssemos reflexão por reflexo. Como nos diz Bauman, (2007, p. 15):

> Velocidade e, não duração, é o que importa. Com a velocidade certa, pode-se consumir toda a eternidade do presente contínuo da vida terrena. Ou pelo menos é isso que o "lumpen-proletariado espiritual" tenta, e espera, alcançar. O truque é comprimir a eternidade de modo a poder ajustá-la, inteira, à duração de uma existência individual.

A velocidade e a aceleração carregam consigo a lógica do excesso. Quanto mais a temos, mais somos chamados a tê-la. Para entender basta analisar os recursos dos sistemas operacionais. Quem de nós dominou ou domina todos os recursos que eles oferecem? E, se por algum instante conseguirmos fazê-lo, em breve, será necessário reaprender, pois logo aparecerá outro sistema com mais ferramentas e possibilidades a serem exploradas. Com tantos recursos acabamos por produzir uma sociedade cuja lógica está fora de nossos próprios limites — a lógica do excesso. Este é o contexto social de Rafinha: adolescente cibernético nativo que baliza seu olhar para o mundo através da tela do computador. O olhar de Rafinha para o mundo se orienta pela lógica da internet, por onde imperam os conceitos da velocidade, da aceleração, do excesso, como anuncia o vídeo em análise:

> Como seus amigos Rafinha não conhece o mundo sem Internet, nem banda larga. Ele tem MP3, Ipod turbinado para vídeos, computador no quarto, celular...

A lógica do excesso, característica da modernidade tardia, também invade o âmbito da produção cultural. As imagens abrem espaço para a visão da realidade. Elas foram criadas como forma de comunicação não presencial. Nos primórdios, a comunicação era essencialmente corporal. Da tridimensionalidade corporal passamos para a comunicação bidimensional pautada em imagens. A preocupação em representar cada vez mais a realidade favoreceu a criação desenfreada de imagens. A todo instante são necessárias mais e mais imagens para compor a realidade. É o que Baitello (2005a) denomina de primeiro degrau da iconofagia. O tempo destinado à decifração das imagens se comparado à escrita é menor. Somos seduzidos pela agilidade das imagens. A contínua produção de imagens ao invés de favorecer maior apreensão da realidade provoca um esvaziamento imagético. De olhos da realidade elas passam, por conta do excesso, a serem consumidas pelos homens. É como se os objetos perdessem sua materialidade em favor da marca, do formato, da cor, do modelo. Na sequência, é a vez de os corpos se transformarem em imagens e também por ela serem devorados.

Estamos na era do corpo virtual. De uma imagem de corpo idealizado segundo os valores da tecnologia. Na sociedade da tecnociência, a busca pela superação dos limites do corpo e de sua materialidade, o impedimento da velhice e o afastamento, quanto possível da morte, é quase uma obrigação dos cientistas. O panorama tecnológico da modernidade tardia, acelerado e imediato, não é compatível com as finitudes de nossa experiência humana: emoções, sentimentos e sensações. O "estar conectado" no mundo globalizado em busca de informações precisas e específicas adormece em nós a capacidade perceptiva e sensória de mundo. Trocamos nossa capacidade de percepção do mundo construída na alteridade pela visão homogênea dos meios tecnológicos. A nossa experiência de mundo deixa de ser construída por nossos sentidos e experiências para ser mediada pela máquina. Reaprendemos a estar no mundo e consequentemente a nos relacionarmos de maneira mais leve, límpida e uniforme sem a viscosidade e as limitações dos sentidos.

O mundo de Rafinha, também nosso, é um mundo de símbolos esvaziados de sentidos, não pela ausência e sim pelo excesso. A modernidade se empenhou em construir sentidos e valores para referenciar os significados num código moral e ético regularizado por símbolos e rituais, como nos diz Costa (2004, p. 160):

> Na moral dos sentimentos, o acervo dos bens materiais evocava pedaços expressivos da vida íntima do casal e da família. Longe de se aparentarem à volatilidade dos nutrientes, eles faziam parte dos acontecimentos morais e afetivos que eram legados às futuras gerações como lembretes de vidas logradas.

Em contrapartida, a modernidade tardia trabalhou para desmontar as construções simbólicas, principalmente nos objetos. Segundo Costa (2004), os objetos não mais serão portadores dos valores sentimentais e sim dos valores sociais, o que os permitirá assumir tantos significados quantos forem possíveis. O código de ética e moral construído pela modernidade perde sua primazia, sua força, sua abrangência, abrindo espaço para outros códigos e significados de maneira ilimitada.

A vida própria das imagens, a velocidade tecnológica e a predominância dos símbolos globais em detrimento dos locais provocam uma desvinculação dos significados simbólicos. São necessárias muitas imagens para que o vínculo e a mensagem se efetivem. É o que Baitello (2005b) chama de incomunicação. Nos lugares do excesso está a incomunicação, pois aí é gestado o esvaziamento: excesso de informação, de visibilidade, de tecnologia e assim por diante, como é dito no vídeo:

> As empresas não têm controle sobre sua imagem. Ela pode ser construída ou destruída por 1 milhão de vozes na web.

É certo que diante de tantas mudanças tenhamos a constituição de uma nova identidade, multifacetada, resultado da combinação de elementos de origem cultural diferentes.

Hall (2006) refere-se a três conceitos de identidade. A identidade pautada na razão centralizada no interior do indivíduo, chamada identidade do sujeito do Iluminismo; a identidade constituída na interação com outras pessoas, a do sujeito sociológico; e a identidade do sujeito da modernidade tardia. Ao contrário dos outros sujeitos, a identidade do sujeito da modernidade tardia é fragmentada, mutável, instável, porque é composta por tantas outras identidades resultado, por sua vez, da mobilidade de outras identidades e assim sucessivamente. O que a diferencia da identidade sociológica é a velocidade que movimenta a aproximação e o distanciamento de tais identidades e a decorrente efemeridade que se manifesta na constituição das mesmas.

A descentração que nos propõe a constituição da identidade na modernidade tardia tem dois sentidos: do sujeito, como vimos acima, e do mundo social e cultural em que está inserido. As culturas nacionais compostas de símbolos e representações criam seus discursos de sentido para a nação e influenciam na construção das identidades.

A nação é uma comunidade simbólica produtora de sentidos que são partilhados, assimilados e legitimados por aqueles que dela participam. A construção da identidade e da cultura nacional pelo Estado-nação permitiu a criação de outros modelos universais, como, por exemplo, a instituição escolar responsável pela criação, reprodução e manutenção dos símbolos nacionais.

As estratégias de representação se colocam como princípios formadores da cultura nacional. A narrativa da formação da nação resgata fatos e rituais, históricos e literários, que revelam as conquistas e fracassos da nação, personalizados pelo povo. O povo constitui a nação e, ao mesmo tempo, é constituído por ela. As origens da nação são inquestionáveis. Sempre existiram e sempre existirão. O mito fundacional situa no tempo e espaço a origem do povo, seus avanços e derrotas.

Entendemos que a identidade da modernidade tardia tende ao hibridismo. Se retomarmos a discussão anterior do excesso das imagens, dos símbolos esvaziados que geram com velocidade outros símbolos e significados, fica fácil compreender uma identidade que se constitui pela miscigenação de tantas outras identidades. Na era da cibercultura, não podemos deixar de citar que o advento da web 2.0 favoreceu e facilitou as interações virtuais e a partilha de conteúdo cultural. A globalização autorizou a partilha desterritorializada de símbolos e significados de forma indeterminada. Nem sempre sabemos distinguir o que constitui o global e o local. Se, por um lado, o hibridismo pode ser visto como uma forma de criatividade, por outro, a indeterminação pode ser arriscada.

Rafinha é expoente da hibridização cultural. Surfar na internet e passar a maior parte do tempo plugado nas comunidades do Orkut, ou enviando mensagens pelo MSN, são atitudes inerentes aos nativos, mas não exclusivas desse grupo. Somos imperiosamente impelidos a participar das novas formas de comunicação do mundo cibernético.

Nossa identidade cultural resulta do ajuste "espontâneo" e "natural" de símbolos e significados que passam, necessariamente, pelo mundo cibernético e por isso se misturam , amplificam e modificam tanto que, por vezes, perdemos suas origens. Com eles e por eles assumimos e incorporamos os princípios que anteriormente regiam apenas o mundo cibernético, mas que agora regem a vida em sociedade. Dentre estes princípios queremos destacar a separação do tempo e do espaço.

As sociedades modernas tinham sua organização temporal fundada em marcadores temporais de origem religiosa, cultural ou econômica, responsáveis em organizar o ritmo, a compreensão e a ação nesta sociedade, produzindo rituais e crenças bastante expressivas e características. Os conceitos de tempo e espaço coordenavam com harmonia esta sociedade, fundamentando-a na continuidade e na linearidade.

A caminhada da separação do tempo e espaço teve seu primeiro passo na invenção do relógio mecânico e culminou com o advento do "personal computer" na vida social. Longe e perto se relativizam;

o tempo se esvazia. Não há mais o que marcar porque não há mais tempo definido para realizar. Tudo é possível em qualquer tempo, independente do lugar. Mais uma vez o vídeo reforça que:

> Rafinha passa parte do tempo livre online, surfando na internet sem destino.

A ausência dos organizadores de tempo e espaço, somado à velocidade e aceleração, já apresentadas anteriormente, provoca uma fragmentação dos espaços coletivos. O coletivo deixa de ser compreendido como meio para realização de um único objetivo, comum a todos, e passa a ser entendido como somatória de indivíduos. O tempo presente é regido pelo aqui e agora. As inúmeras variáveis (tempo, espaço, pessoa, lugar) estimulam para o pensar e o agir de forma individual em prejuízo do coletivo. Os valores individuais assumem a primazia diante dos valores coletivos. Não há mais motivos que justifiquem frustrações ou desejos postergados. A felicidade é deste e não mais do outro mundo. Não há mais motivos para esperar pelo binômio tempo-espaço; o acesso é livre de tempo e espaços definidos.

Ao trabalhar com categorias individuais, a cibercultura reforça os valores individuais. Quando nos reportamos ao ambiente virtual, observamos com frequência o uso do pronome possessivo de primeira pessoa: meu computador, meus documentos, minhas preferências, minhas comunidades, "my space". Com esta afirmação não estamos negando as possibilidades de interação e socialização que se abrem na rede através das comunidades ou *sites* de relacionamento. O que queremos afirmar é que existe um reforço da individualidade e uma enganosa ideia de domínio que nos faz acreditar em unicidade. O "my space" é meu e simultaneamente de todos os que tiverem acesso. A comunidade é minha e de todos aqueles que o moderador permitir. Conectamo-nos ao espaço virtual de maneira individual, escolhendo com quem desejamos nos relacionar, procurando comunidades com as quais nos identificamos para nos encontrarmos enquanto indivíduos, movidos por um sentimento de pertença. O ambiente virtual nos permite selecionar, excluir ou deletar o que desejamos ou não contatar.

A comunidade virtual se mantém a partir da circulação de símbolos e da partilha de sentidos. Estar em comunidade é estar seguro na igualdade e afastado de qualquer forma de contrariedade. As comunidades sugerem uma ideia de aproximação, de afetividade que se constitui por afinidade — encontro-me apenas com quem desejo, com meus pares. Sou um quando estou entre iguais e escolho meus pares. Desta forma, alimento um sentimento de pertença, como nos diz Bauman (2007, p.26):

> Paradoxalmente, a "individualidade" se refere ao "espírito de grupo" e precisa ser imposta por um aglomerado. Ser um indivíduo significa ser igual a todos no grupo - na verdade, idêntico aos demais. Sob tais circunstâncias, quando a individualidade é um "imperativo universal" e a condição de todos, o único ato que o faria diferente e portanto genuinamente individual seria tentar - de modo desconcertante e surpreendentemente - não ser um indivíduo.

O pequeno grupo de pessoas iguais — comunidade — que se constitui no sentimento de pertença garante aos seus membros uma igualdade de ideias e opiniões e o consequente afastamento de ideias divergentes. É, de certa forma, um lugar idealizado, sem conflitos, onde me relaciono apenas entre iguais. Esta dinâmica de relacionamento está distante do que encontramos na realidade, na qual iguais e diferentes são convidados à convivência cotidiana. A convivência na comunidade virtual apresenta um processo de seleção de forma natural e tecnológica e, neste sentido, nos afasta do real.

É preciso que saibamos utilizar a tecnologia como um instrumento de inserção no mundo sem que nos deixemos contaminar e iludir por seus mecanismos de exclusão e dominação. Não há sentido em negar suas contribuições. Todavia, diferentemente de Rafinha, devemos estar atentos às suas manipulações.

REFERÊNCIAS

BAITELLO JR, Norval. *A era da iconofagia*. São Paulo: Hacker Editores, 2005(a).

BAITELLO JR, Norval; CONTRERA, Malena Segura e MENEZES, José Eugenio de O. (orgs.). *Os meios da incomunicação*. São Paulo: Annablume/Cisc, 2005(b).

BAUMAN, Z. *Vida líquida*. Rio de Janeiro: Jorge Zahar, 2007.

CAZELOTO, Edílson. A velocidade necessária. In: FERRARI, Pollyana (org.). *Hipertexto, hipermídia*: as novas ferramentas da comunicação digital. São Paulo: Contexto, 2007.

COSTA, Jurandir Freire. *O vestígio e a aura*. Rio de Janeiro: Garamond, 2004.

GIDDENS, Anthony. *Modernidade e identidade*. Rio de Janeiro: Jorge Zahar, 2002.

HALL, Stuart. *A identidade cultural na pós-modernidade*. Rio de Janeiro: DP&A, 2006.

Parte II
Personagens

De Sonhos tropicais, o romance, a *Sonhos tropicais*, o filme

Barbara Heller

Doutora em Teoria Literária pela Universidade Estadual de Campinas (UNICAMP). Docente do Programa de Mestrado em Comunicação da Universidade Paulista (UNIP) e do Centro Universitário Fundação Santo André (CUFSA). Pesquisadora do Grupo de Pesquisa "Mídia, Cultura e Política: identidades, representações e configurações do público e do privado no discurso midiático", cadastrado no CNPq.

"Dezenove de junho de junho de 1898. Domingo. O navio *Brésil* retorna da Europa e adentra a Baía da Guanabara. A bordo, Afonso Segreto pega sua câmera recém-adquirida e filma a baía." Segundo Sandra Reimão, até onde se sabe, esta é a primeira filmagem em território brasileiro (ANDRADE e REIMÃO, 2007, p. 114).

"Rio de Janeiro – 1899 (letreiro)". Em um plano-sequência são apresentados Oswaldo Cruz, sua mulher, outros passageiros e, um pouco mais demoradamente, Esther. Estão todos num mesmo bote, sugerindo que o grupo, por estar se aproximando do cais no Rio de Janeiro, acabou de desembarcar de um navio que não se vê. Esta é a primeira sequência do filme *Sonhos tropicais* (2002), dirigido por André Sturm, adaptado do romance homônimo de Moacyr Scliar (1992).

Embora 99 anos separem a filmagem de Segreto (por volta de 1903) e a de André Sturm, ambos começam quase da mesma maneira: a representação da Baía da Guanabara. Apesar de esta ser a única coincidência entre os dois filmes, não podemos deixar de observar que tanto nos primórdios do cinema nacional, como no início do século XXI, os dois diretores adotaram a mesma estratégia: representar o Rio de Janeiro. Afinal, era nesta cidade (além do porto de Santos) que muitos exilados chegavam quando vinham ao Brasil, como sugere Sturm, e de onde partiam viajantes, como Segreto, rumo à Europa.[1]

Neste quase um século que distancia as primeiras tomadas feitas em solo nacional por Segreto, até o filme de Sturm, muitos filmes foram realizados no Brasil: só de romances adaptados, de autores os mais diversos, contabilizam-se 209 longas-metragens. *Sonhos tropicais* (filme), baseado no romance homônimo de Moacyr Scliar, é um deles[2].

1 A viagem é um tema tradicional em nossa literatura e, também, no cinema nacional. Os viajantes europeus, começando por Pero Vaz Caminha, em 1500, inauguraram uma série de textos sobre suas vindas ao Brasil. No decorrer dos séculos seguintes, diversos autores nacionais escreveram romances sobre deslocamentos, viagens e aventuras, como Graciliano Ramos, com *Vidas Secas*, em 1938, para ficar em um único exemplo. Na filmografia brasileira, podemos destacar, além de *Vidas Secas*, de Nélson Pereira dos Santos, de 1963, *Central do Brasil*, de Walter Salles, de 1998, entre outros.

2 ANDRADE e REIMÃO informam que, entre 1908 e 2002, 208 romances

Elegemos *Sonhos tropicais* (filme e livro) neste artigo porque, apesar de as obras de Scliar já terem sido analisadas em diversos trabalhos acadêmicos[3], ainda não se publicaram estudos sobre os filmes que se basearam em seus romances[4].

Como veremos no decorrer deste artigo, o filme é bastante diferente do livro e é justamente nestas diferenças que centraremos nossa atenção. Nossa pretensão, menos do que realizar uma análise fílmica, é observar os recursos utilizados no filme que o aproximaram ou o distanciaram do texto literário. Enquanto no livro a intenção é render uma homenagem ao médico sanitarista Oswaldo Cruz, no filme podemos observar que o diretor quis não só contar um pedaço da história do Brasil que há pouco vem sendo divulgada – a prostituição das mulheres judias que vinham da Europa ao Brasil e os sofrimentos pelos quais estas polacas[5], como passaram a ser conhecidas, enfrentaram —, bem como as representações do Brasil ao olhar do estrangeiro.

As histórias

a) do livro *Sonhos tropicais*

O romance de Moacyr Scliar gira em torno de Oswaldo Cruz, suas campanhas no final do século XIX e início do XX para vacinar a população do Rio de Janeiro contra a febre amarela e a Revolta da Vacina.

brasileiros foram adaptados ao cinema nacional. Alteramos o número para 209, pois *Sonhos tropicais* não chegou a ser contabilizado por estes autores, talvez por ele ter sido distribuído depois de 2002, ano que encerrou a pesquisa (2007, p. 119).

3 Entre os trabalhos acadêmicos sobre Moacyr Scliar, destacamos os de SZKLO, Gilda Salem. *O Bom Fim do Shtetl: Moacyr Scliar*. São Paulo: Perspectiva, 1990 e WALDMAN, Berta. *Entre passos e rastros*. São Paulo: Perspectiva: FAPESP: Associação Universitária de Cultura Judaica, 2003.

4 Apenas dois livros de Moacyr Scliar foram adaptados para o cinema: o já citado *Sonhos tropicais* (2002) e *Um sonho no caroço do abacate* (1995), adaptado em 1998 por Lucas Amberg, com o título *Caminho dos sonhos*.

5 "Polaca" é o termo que identificava as judias prostitutas, provenientes da Europa Central, no início do século XX, muitas delas vítimas de uma rede internacional de tráfico de mulheres.

Na história, duas personagens, em momentos e com motivações diferentes, pesquisam a trajetória deste médico sanitarista: um médico alcoólatra desempregado e um acadêmico norte-americano.

Como explica a orelha do livro, desta obra de Moacyr Scliar "surge da narrativa empolgante uma pequena, mas incisiva história da ciência".

b) do filme *Sonhos tropicais*

O filme de André Sturm gira em torno de Esther, uma polaca que veio ao Brasil com a ilusão de se casar com um marido da comunidade judaica e formar família. Logo que se instala no Rio de Janeiro percebe que é vítima de uma rede internacional de prostituição feminina e tenta fugir, mas não consegue. Apesar de resistir no início, aprende rapidamente a língua portuguesa e as artes da sedução e, em pouco tempo, torna-se conhecida na cidade.

Depois de se tornar dona de uma casa de prostituição, de se envolver com a Revolta da Vacina e de tudo perder, ao final do filme, alia-se novamente ao ex-amante, ninguém menos que o chefe da polícia local, dando a entender que rapidamente retomaria os bens confiscados e a posição que ocupava na sociedade do Rio de Janeiro do início do século XX.

Algumas estratégias de narração

O romance começa com o narrador em primeira pessoa, o médico alcoólatra desempregado, que aguarda a chegada ao Rio de Janeiro do pesquisador norte-americano interessado na vida do sanitarista Oswaldo Cruz. As primeiras 10 páginas tratam da expectativa deste encontro; da página 11 até o final do livro, intercalam-se, em *flashbacks*, as memórias do Oswaldo Cruz em terceira pessoa, os pensamentos do narrador e os fatos históricos do início do século XX no Rio de Janeiro.

No filme, logo após a apresentação dos créditos, projeta-se na tela o já citado letreiro "Rio de Janeiro – 1899" e o plano-sequência que apresenta Oswaldo Cruz, sua mulher, outros passageiros e, um pouco mais demoradamente, Esther. Estão todos num mesmo bote, que se aproxima do cais do Rio de Janeiro, sugerindo que o grupo acabou de desembarcar de um navio que não se vê. Nesta sequência de abertura, os planos são mais longos – estratégia bastante utilizada no cinema para apresentação dos personagens. O espectador ainda não os conhece, nem sabe seus respectivos nomes; porém, já depreende que ali estão os protagonistas da história que será contada.

Neste plano-sequência, notamos os seguintes movimentos de câmera: grua externa (para mostrar o intenso vai e vem de pessoas e de embarcações no cais) e *travelling* (para acompanhar os primeiros passos de Esther em direção a um encontro com alguém, que nunca chega, e ao posterior deslocamento em direção a um endereço que traz anotado em um papel).

As primeiras diferenças que notamos entre as páginas iniciais do romance e os primeiros minutos do filme residem, principalmente, no foco narrativo e no recorte temporal em que se narram as histórias. O narrador em primeira pessoa do livro, diferentemente do filme, pode ocupar muito mais tempo para se apresentar, introduzir as outras personagens e a história da Revolta da Vacina. Por isso, pode-se dizer que a narrativa impressa é mais "lenta" que a versão em película, pois não há nenhuma preocupação em resumir todos os fatos a um determinado número de páginas. As páginas iniciais, aliás, são ocupadas pela descrição do narrador, o médico alcoólatra, de sua surpresa por ter sido indicado para receber o pesquisador norte-americano que investiga a obra de Oswaldo Cruz, e as fantasias que, imagina, o estrangeiro fará assim que começar a conhecer a natureza e o calor cariocas.

Diegeticamente falando, o tempo do romance, no seu início, é o Brasil contemporâneo, mas ele não é estável, pois ocorrem inúmeros *flashbacks*, técnica também utilizada pelo cinema. No primeiro deles, à página 11, o narrador subitamente interrompe seus pensamentos enquanto aguarda a aterrissagem do avião que trará o norte-americano para descrever, como numa sequência cinematográfica, o dia em que Oswaldo Cruz recebeu a notícia da morte de sua mãe. Essa costura entre tempo presente e passado é uma característica forte do livro. O leitor aprende a acompanhar este vai-e-vem temporal também pelo grafismo do texto, que separa por espaços em branco os trechos do passado e os do presente.

O filme, ao contrário do livro, é estável na representação diegética: toda a ação acontece no final do século XIX e o cenário é sempre o Rio de Janeiro. O narrador, em terceira pessoa, apresenta rapidamente as personagens e não se aprofunda muito nos conflitos das personagens, exceto nos de Esther, a protagonista, que sofre forte choque emocional quando percebe que terá de abandonar o sonho de um casamento e sobreviver como prostituta no Brasil. Contar a vida interior da personagem, aquilo que ninguém mais vê, é característica do narrador em terceira pessoa: como ele está fora dos acontecimentos, pode saber de tudo, do passado e do presente, das emoções e dos pensamentos das personagens. Trata-se do narrador onisciente.

Já o narrador do livro, em primeira pessoa, tem todas as condições para explorar os sentimentos e os conflitos por que passa, mas nem sempre tudo o que conta é "verdade", pois, como participa dos acontecimentos, tem deles uma visão própria, individual e, portanto, parcial. Assim, sua visão é subjetiva: ele narra apenas o que vê, observa e sente, ou seja, os fatos passam pelo filtro de sua emoção e percepção.

Os diferentes focos narrativos, portanto, encaminham o leitor do livro para uma leitura mais desconfiada, e o espectador do filme para uma "leitura" mais confiável, mais próxima da "verdade".

A personagem Esther (livro e filme)

No livro, a personagem Esther mal aparece. Sua primeira inserção acontece apenas na página 43:

> Os navios cruzaram-se; tão curta era a distância que pudeste [Oswaldo Cruz] abanar para uma *mocinha ruiva, de feições eslavas.* Que faria ela no Brasil? Trabalharia na terra? Seria mais uma das operárias na Fábrica Corcovado? Ou acabaria como prostituta num cortiço qualquer? (Grifo nosso)

Neste momento do romance, Oswaldo Cruz está partindo do Rio de Janeiro em direção à França, para realizar pesquisas no Instituto Pasteur.

A segunda referência a Esther acontece nas páginas 105-6:

> Passas [Oswaldo Cruz] por um grupo de mulheres de má vida: algumas mulatas, outras indiáticas – e uma ruiva, de tipo eslavo. *Uma polonesa, sem dúvida, ou russa: uma judia, das chamadas talmudistas.* Esta, evidentemente, não teve sorte; outras, igualmente trazidas da Europa Oriental, passam por francesas em bordéis de luxo. *Ela, magra, já começa a definhar: tuberculose, decerto. Parece-te conhecida; não será aquela Esther do navio que com o teu cruzou, quando ias para a França*? Talvez. Apesar de tua curiosidade, não podes perguntar: corres o risco de receber como resposta uma torrente de impropérios e palavrões. (Grifos nossos)

A terceira vez em que Esther é mencionada, das páginas 129 a 132, ela envolve-se com Amaral, típico malandro carioca.

A quarta aparição de Esther acontece na página 161, quando conta a Prata Preta, um dos líderes da revolta da vacina, sua história:

> Um dia – eu tinha treze anos – minha mãe me pegou em flagrante com um rapaz da aldeia [na Polônia]. Era um bom rapaz, aprendiz de ferreiro... Ela não quis saber de nada, me amaldiçoou, disse que eu pagaria caro. E caro eu paguei, Prata Preta. Caí na armadilha de um cáften, um bandido que me tirou de casa e me botou na vida. Tudo o que eu queria era juntar um dinheiro e voltar para minha gente... Eu, rica, a minha mãe me perdoaria, tenho certeza [...]

A quinta e última referência a Esther acontece na página 183, quando Oswaldo Cruz embarca para a Alemanha, para uma conferência. No mesmo navio, mas na segunda classe, está Esther, com quem o sanitarista não teve nenhum contato. O narrador, então, revela:

> Ela está voltando para sua terra; tísica, quer morrer junto a seus pais, que nada sabem sobre a existência degradada que levou no Brasil. Lá, porém, não chegará: doente, morrerá durante a travessia; e, uma noite, seu corpo, enrolado em um oleado, será lançado, com um baque surdo, às águas.

No filme, Esther aparece na primeira cena, desembarcando no Rio de Janeiro, juntamente com Oswaldo Cruz e sua esposa. Eles ainda não se conhecem. A atriz Carolina Kasting é a personagem Esther. Jovem, magra, ruiva, seus cabelos são longos e, ao desembarcar, só sabe falar iídiche.

Nos primeiros doze minutos, Esther e os outros personagens são apresentados, mas não de forma igual. Enquanto Oswaldo Cruz e esposa são rapidamente mostrados, os planos longos e movimentos de câmara deixam explícita a condição dramática de Esther.

As histórias de Oswaldo Cruz e de Esther são desenvolvidas em paralelo. Enquanto a volta do primeiro à casa é mostrada sem grande expressão dramática, o mesmo não ocorre com a segunda. Esther, recém-chegada no país, caminha, na companhia de Amaral, que acaba de conhecer no cais do Rio de Janeiro, para o endereço que tem consigo. Lá chegando, fica sabendo que não se trata do endereço do noivo prometido, mas de uma casa de prostituição. Por meio de uma elipse e um longo plano em *travelling* de recuo (*dolly out*), a porta de um dos quartos da casa é mantida em cena, enquanto, por meio do áudio, é sugerido o estupro de Esther pelo cafetão Rotschild.

Na primeira sequência que mostra Esther com um cliente na cama, ela está apática. Descontente, o cliente sai à procura de outra prostituta. Esther permanece prostrada. O enquadramento é feito de tal forma, que um dos enfeites de ferro da armação dos pés da cama é mostrado como se fosse um instrumento de tortura medieval entre suas pernas. O ambiente, nesta cena, é mal iluminado, indicando que a ação se passa à noite, mas pode representar, metaforicamente, a escuridão na qual a personagem também se encontra.

O espectador nada vê; apenas ouve os gritos desesperados de Esther. A sequência termina com a protagonista aos prantos na cama, sendo amparada por outra polaca, residente há mais tempo no Brasil, também vítima do tráfico de mulheres.

Na sequência seguinte, ainda em ambiente mal iluminado, a personagem tenta fugir, mas é surpreendida pelo cafetão, que a surra com uma cinta. Aos olhos do espectador, o que antes era violência emocional sugerida, torna-se, a partir desta sequência, violência física explícita.

Continuando a narrativa fílmica, Esther começa a aprender a língua portuguesa, sempre ajudada por sua conterrânea mais velha. As primeiras frases que aprende são relacionadas ao seu ofício de prostituta.

A narrativa fílmica mostra a lenta e gradual aceitação de Esther ao seu novo papel. Ela não só passa a agradar os clientes, como começa a se relacionar com importantes políticos locais.

Apenas quando sua amiga morre, vítima de peste bubônica, é que Esther conhece pessoalmente Oswaldo Cruz, voluntariando-se para receber a vacina desenvolvida por ele e equipe.

Esther, na sequência da história, protegida pelo chefe de polícia do Rio de Janeiro, torna-se proprietária de uma casa de prostituição de luxo e deixa de atender os clientes, salvo raríssimas exceções, indicadas por seu protetor. No entanto, quando é flagrada por ele com outro cliente, imediatamente perde sua proteção, iniciando-se sua decadência. Ela parte para o baixo meretrício e só com muita dificuldade consegue clientes esparsos. Encontra moradia no bar do português, no Morro da Saúde, porque aceita, como pagamento, prestar-lhe favores sexuais. Nesta etapa da história, revoltosos iniciam uma verdadeira guerra civil contra a obrigatoriedade da vacina e um dos locais dos confrontos é justamente o Morro da Saúde. Esther passa a acudir e a cuidar dos feridos, sem saber muito bem de que revolta se tratava.

Perdoada mais tarde pelo chefe da polícia por sua traição, recupera sua proteção e tudo indica que ele mais uma vez inaugurará uma casa de prostituição, da qual Esther será a proprietária.

No livro, as aparições de Esther funcionam como mero detalhe, uma espécie de pano de fundo para ilustrar outro aspecto da época em que Oswaldo Cruz, o protagonista, é convidado pelo governo para combater a febre amarela, a varíola e a peste bubônica. Quantitativamente, a personagem é citada apenas cinco vezes, em páginas esparsas e distantes umas das outras – páginas 43, 105-106, 129-132, 161 e 183.

Esther, na versão em papel, não é representada como vítima do tráfico ilegal de mulheres provenientes da Europa Central. Embora tenha se prostituído assim que desembarca no Rio de Janeiro, ela não tinha a ilusão de que teria um noivo à sua espera. Ela parece saber, desde o início, qual era o destino que a aguardava assim que chega ao Brasil.

No romance, a figura paterna nem é mencionada. Apenas a mãe é lembrada, com certa amargura, como se a praga que tivesse rogado à filha fosse a causa de sua vida infeliz no Brasil.

Quando finalmente Esther pensa estar voltando à terra natal, embarcando no navio, seu destino mais uma vez lhe é desfavorável: acaba morrendo na viagem e seu corpo é lançado ao mar. Esther, portanto, é uma fracassada: ela mal consegue se adaptar ao Brasil, apesar de ter aprendido o português, e não realiza o sonho do regresso.

No filme, Esther é virginal, inocente e vítima o tempo todo. Sua trajetória é pormenorizada e tem muito mais destaque que no livro: mostram-se detalhadamente sua chegada ao Brasil, a dura aprendizagem da língua portuguesa, sua iniciação sexual, sua ascensão e queda e, nos minutos finais, a promessa de uma recuperação financeira, mas não social. Ela sempre será uma *outsider*. Como aparece quase 100% das cenas, isto faz dela, por si só, a protagonista da história (além do personagem Oswaldo Cruz).

A Esther do filme, para reforçar seu papel de vítima e seu bom coração, sente saudades de seu pai (e quase não se refere à sua mãe, lembrada numa única carta, dirigida aos "pais") e o poupa da realidade em que vive, inventando nas cartas que lhe escreve detalhes de sua vida de esposa e o desejo de trazer seus pais para visitá-la e conhecer o Brasil, sem fazer nenhuma referência à ideia de regressar ao país de origem.

Ela não adoece, parece ter aprendido a lidar com a malandragem carioca e com a vaidade masculina. Sua adaptação é mais fácil que a descrita no romance mas, como veremos em seguida, é frágil.

O "desencaixe"

Seja porque ainda não aprendeu a língua portuguesa, seja porque mal teve a oportunidade de se expressar, nossa protagonista em papel ou em película raramente consegue, como sugere Giddens, "monitorar as circunstâncias de suas atividades", atividade que, segundo este autor, se realiza por meio de "características discursivas" (p. 39).

Raras vezes Esther argumenta na vida cotidiana; nas cartas em iídiche apresentadas na versão fílmica, seu discurso é cheio de imagens provindas de um imaginário, coletivo e romântico: a fartura de um país tropical; as oportunidades de rápida ascensão social, o amor vencendo obstáculos, a recompensa da força do trabalho.

No entanto, à medida que o tempo passa, mais difícil se torna manter ativo este imaginário e as cartas simplesmente deixam de ser escritas. Poder-se-ia pensar, a partir desta observação, que Esther silencia-se porque finalmente entende que seu discurso esvaziara-se por completo nesta ficção que escreve aos pais e, ao invés de fantasiar sobre seu novo espaço, tenta nele integrar-se, apesar de ainda lhe faltarem recursos – linguísticos, econômicos, sociais.

Essa hipótese, entretanto, não se confirma nas sequências seguintes, quando ela, depois de experimentar o apogeu da fama, parte em busca de moradia e, numa tentativa desesperada de sobrevivência, acaba aderindo à revolta da vacina. Sua participação neste movimento nada tem a ver com militância ou engajamento político ou social. Ela junta-se a um grupo de revoltosos porque calhou de, ali, naquele ambiente, encontrar condições mínimas de acolhimento, quando a revolta estava na iminência dos primeiros embates.

Como sua ação é sempre na retaguarda, ausenta-se dos debates e das decisões dos líderes; mas, quando ocorrem as primeiras baixas, cuida dos feridos, busca-lhes alimentos ou água. Sua dedicação ao movimento é estritamente de caráter humanitário e apartidário, o que justifica seu silêncio, uma vez que desconhece os meandros da política de saúde pública – alvo da revolta. Apesar de a esta altura da narrativa já falar a língua portuguesa, Esther tem dificuldades para manifestar-se num discurso organizado e simbólico.

Esther é vítima do que Giddens chamou de "desencaixe", isto é, do "descolamento das relações sociais dos contextos locais e sua recombinação através de distâncias indeterminadas do espaço/tempo" (2002, p. 221).

Como vimos anteriormente, ela sai de seu país de origem sem nenhum vínculo com o Brasil: na versão impressa, a mais amena, aparenta estar ciente do futuro que a aguardava; na fílmica, ilude-se com a perspectiva de casar-se com um conterrâneo ainda desconhecido, caindo imediatamente na violência sexual.

As enormes distâncias que a separam da Polônia, seu lugar de origem, forçam-na a desistir de um regresso bem-sucedido à pátria, e muitos anos se passam até que se convença de que seu destino final seria, mesmo, o Brasil.

Ainda segundo Giddens, um dos mecanismos desencadeados pelo desencaixe é a formação de "sistemas especializados", isto é, de procedimentos "que põem entre parênteses o tempo e o espaço, dispondo de modos de conhecimento técnico que têm validade independente dos praticantes e dos clientes que fazem uso dele" (2002, p. 24). Tais mecanismos estendem-se às relações sociais e, para funcionarem, dependem de uma relação de confiança do indivíduo e dele com grupos. Pessoas que moram em países industrializados, por exemplo, confiam, mesmo sem terem acesso direto às tecnologias, que estarão protegidas pelos governos caso ocorram grandes desastres naturais.

Com Esther, esta relação de confiança não se configura em nenhum momento de sua trajetória. Ela é traída desde a tenra juventude pelo cafetão, que a envia para uma terra distante, e por todos os que conhece no Brasil, que abusam de sua ingenuidade, mutismo, fragilidade e beleza física.

Como é a confiança que está na base de muitas decisões cotidianas, tomadas de maneira nem sempre conscientes (GIDDENS,

2002, p. 25), Esther, por não ter tido a possibilidade de desenvolvê-la adequadamente, não é capaz de ter vida social significativa. Sua performance desenvolve-se nas periferias dos espaços urbanos e, exceto por sua amiga conterrânea, que morre ao longo da narrativa, não estabelece vínculo afetivo algum. No auge de sua fama, ela chega a pensar que alcançou alguma ascensão social, mas rapidamente volta ao seu estado original, quando desobedece às normas de conduta impostas por seus clientes politicamente poderosos.

Destituída, portanto, de quaisquer vínculos de confiança – é abandonada pelos pais na Polônia; pelos poderosos no Brasil, que a consideram uma cidadã de segunda categoria, e pela única amiga que morre – Esther é incapaz de ressignificar seu discurso e, consequentemente, de se inserir no novo cenário onde é obrigada a permanecer. Como em ambas versões não consegue construir uma nova relação tempo/espaço, seu destino é trágico e previsível: na versão impressa Esther definha e morre solitária e se resigna, silenciosamente, na fílmica.

Representações do Brasil

Nas primeiras páginas do livro, o Brasil que surge é o que o narrador imagina que o pesquisador norte-americano pensará em sua primeira visita ao país:

> O Brasil é deslumbrante. O Rio é maravilhoso [...]. [O estrangeiro] preferirá olhar pela janela: bares, oficinas, motéis, vulcanizadoras. Que lhe causarão uma desconfortante, penosa impressão. Por quê? Por causa da visível deterioração de muitos desses estabelecimentos? Por causa das grades, do lixo nas calçadas? Não. Por causa das cores: esses verdes, esses amarelos, esses marrons, esses azuis, a contrastar – por exemplo – com os tons neutros (o creme, o cinza-claro) da casa de sua cidade natal. É que tais cores, naturais no trópico, aqui lhe parecerão grosseiramente, berrantemente artificiais, expressando alegria e entusiasmo forçados [...] (SCLIAR, p. 8-9)

No filme, o Brasil é mostrado por meio de imagens da cidade do Rio de Janeiro do final do século XIX, com suas ruas de paralelepípedos, o cais, a sede do governo, os casarões da população mais abonada. Em poucas cenas ou sequências são representadas as camadas mais pobres da população: quando o governo invade as casas humildes para combater a febre amarela; quando Esther passa a se prostituir nas ruas e a procurar abrigo em casas de bairros cada vez mais periféricos e pobres, quando a amiga de Esther morre num hospital público, com corredores lotados de gente das mais variadas idades esperando por uma consulta.

A parte mais significativa da representação do Brasil acontece nas cinco cartas que a protagonista escreve ao pai, revelando uma visão eurocêntrica: desde que o cidadão fosse esforçado, aqui era um país cheio de oportunidades. As desigualdades sociais não são manifestadas, tampouco a falta de saneamento básico que provocava as inúmeras doenças, nem as diferenças de clima e de costumes para quem, como ela, tinha nascido em lugar onde o frio e as temperaturas amenas predominavam a maior parte do ano.

Na primeira carta, aos 27' do filme, Esther escreve, em letras hebraicas (como se grafa o iídiche) que:

> A vida na América é de fortuna. No Brasil todos se esbaldam, tamanha é a providência. Oportunidades não faltam. Minha sorte é o motivo principal dessa carta. Agora sei que o sr. Gustav Silberman é mesmo um homem que merece meu respeito e obediência. Gustav conseguiu licença para plantar em terra que em pouco tempo será dele. A terra que queremos nossa, para criarmos filhos.

Neste plano-sequência são utilizados dois recursos eminentemente cinematográficos: a narração em voz *off* do que está sendo supostamente escrito, enquanto longos planos em *travelling* de descrição mostram o quarto em que a personagem vive. O espectador entende que ocorre uma contradição entre o que está sendo dito – a fortuna que está em vias de acontecer, a possibilidade de ascensão social – e o que está sendo mostrado – o cubículo onde Esther vive seu papel de prostituta, o ambiente opressivo do bordel, com os clientes à espera, a vigilância e a agressão do cafetão.

Na segunda carta, aos 45' do filme, Esther continua otimista:

> Agora eu e meu marido temos nosso próprio negócio. Tenho fé em nossa capacidade de trabalho. Sigo os preceitos como sempre. E oro todo dia por vê-lo. Temos planos de dar-lhe um neto. Ou vários. [...]

Durante a narração desta carta, o plano-sequência é quase todo feito em câmera subjetiva, isto é, ilustrando o ponto de vista de Esther. Quando ela surge em cena, a câmera torna-se objetiva.

Na terceira carta, aos 57', o tom já é menos otimista:

> Querido pai: assim nossa vida segue na mesma. Já não tenho ilusões quanto à América, ou pelo menos o Brasil. Trabalhamos, trabalhamos e não saímos do lugar. Minha sorte foi ter encontrado Gustav e juntos partilharmos da vida com nossa gente. São tolerantes os cristãos dessa terra e assim podemos praticar nosso culto e seguir nossas tradições. Só isso me conforta, a força de Israel. Acredita nisso, meu pai? Sei que sim. [...]

Embora Esther, no texto que escreve ao pai, lamente a pobreza, as imagens que são mostradas revelam o contrário. Nesta altura do filme, a personagem está vivendo o auge de sua "carreira". É proprietária de sua casa de prostituição, onde não faltam luxo, clientes e bom gosto. Esther não é mais obrigada a deitar-se com ninguém, a não ser para agradar um ou outro político, para manter seu negócio em funcionamento.

Diferentemente da primeira carta, quando o que escreve parece muito melhor do que a vida que é obrigada a levar, nesta parte do filme, muda-se a oposição: o que se conta é muito mais melancólico e pessimista do que se vê.

As histórias de Esther e de Oswaldo Cruz são mantidas em paralelo até 1h15' do filme. Apenas neste momento os personagens se cruzam e trocam um breve diálogo: a amiga de Esther acaba de morrer, vítima da peste bubônica, e Esther se candidata para Oswaldo Cruz com a finalidade de testar a vacina.

A quarta carta é escrita após esta sequência, decorridos 1h30' de filme. Esther faz um relato ainda mais pessimista:

> Querido pai: as coisas andaram um pouco difíceis por aqui, razão pela qual não pude escrever. Tivemos que nos mudar de casa. Ainda não é o que gostaríamos, mas é um começo. Podemos trabalhar e seguir com a vida.

Enquanto escreve, a câmera faz um plano-sequência em *travelling*. Apesar de Esther continuar mentindo, pela primeira vez o tom da carta é coerente com a realidade da personagem.

Na última carta, perto do final do filme, aos 1h57', Esther recupera o ânimo:

> Querido papai: hoje estou radiante. Os negócios vão de vento em popa. Já conversei com o Gustav e penso que, em breve, poderei enviar algum dinheiro para que venha conhecer o Brasil. É uma terra de milagres.

Novamente, neste plano-sequência, ocorre contradição entre o que se ouve da carta e o que se vê.

Outro recurso cinematográfico importante, que é exibido entre as cartas que Esther escreve, é o grupo de três senhores da sociedade carioca, na Confeitaria Colombo, símbolo da burguesia carioca da época. Por meio dos diálogos entre estes personagens secundários, torna-se mais possível ao espectador entender a trama. Invariavelmente estes diálogos são mostrados num plano longo, em *travelling*.

Para conferir maior verossimilhança ao filme, além dos nomes dos personagens da época – prefeito Pereira Passos, Oswaldo Cruz,

Prata Preta – são exibidos trechos de um cine-jornal, o *Actualidades Pandora*, de 1903, recriando o ambiente da época.

A primeira parte do cine-jornal é original, isto é, mostram-se trechos do material feito à época; já a segunda é produção posterior, ficcional, provavelmente de 2002, quando o filme *Sonhos tropicais* foi produzido, com os mesmos atores do filme em cena.

O Brasil que se lê no livro é diverso do país que se vê no filme. Enquanto no romance o Brasil é apresentado, principalmente, pela ótica do estrangeiro, que vem de um país com tecnologia mais avançada que o nosso, sempre com um jogo diegético entre passado e presente, no filme o Brasil retratado é o Rio de Janeiro do início do século XX, com suas ruas de paralelepípedos, as doenças decorrentes de falta de saneamento básico. Não se mostram as paisagens exuberantes do Rio; apenas as casas de prostituição por onde Esther passou, a sede do governo local, o cais aonde chegam os navios e seus viajantes.

Assim sendo, o Brasil, tanto na versão fílmica, quanto na do romance, não é um país de oportunidades fáceis. No filme, embora seja possível aplicar golpes, como o de criar ratos para depois vendê-los ao governo, é necessário ter a proteção de um político para não ser preso. A ilusão de enriquecimento fácil é progressivamente desfeita, como mostram as cartas de Esther, especialmente a terceira, na qual ela comenta: "Trabalhamos, trabalhamos e não saímos do lugar".

No livro, o atraso do Brasil, no tempo presente, se comparado aos Estados Unidos, é flagrante. O americano que aqui viesse se surpreenderia com nossa arquitetura, com casas de cores berrantes e costumes (como se a diversidade de estilos de construção e de cores fosse, por si só, um sinal de atraso econômico). O Brasil do século XX tampouco era promissor: além das doenças, não havia oportunidades para que homens e mulheres pudessem alcançar novas posições sociais; o governo não protegia os estrangeiros e impunha uma reforma arquitetônica, sem indenizar adequadamente os afetados por ela.

Considerações finais

Como escreve Sandra Reimão em seu livro sobre cinema e literatura, "a rigor, existem vários graus de adaptação de uma obra literária para um meio audiovisual". E continua: "As mais comuns são: a adaptação propriamente dita; o 'basear-se em' e o 'inspirar-se em'; e o vago 'a partir de'." (2007, p. 118)

Embora tenhamos nos referido ao filme *Sonhos tropicais* sempre como uma adaptação do romance homônimo, não tivemos a preocupação de classificar em qual categoria ele se encaixa, mas, isto sim, de entender os recursos utilizados pelo diretor para conferir dramaticidade aos fatos narrados.

Quando o texto é muito distante temporalmente da sua adaptação em filme, como ocorre, por exemplo, em *Dom Casmurro* (filme concluído em 2003, por Moacyr Góes, e romance publicado em 1899, por Machado de Assis), as diferenças e/ou semelhanças entre as duas versões permitem ao pesquisador tecer várias considerações sobre a emancipação feminina, sobre o comportamento social urbano no Rio de Janeiro no final do século XX ou no início do século XXI, etc., como mostra texto de Valéria Calipo (In: ANDRADE e REIMÃO, 2007, p. 108).

Essa distância temporal entre as duas versões de *Sonhos tropicais* não existe. Conforme mencionado anteriormente, o livro foi publicado em 1992, e o filme veio a público apenas 10 anos mais tarde.

Outros estudiosos de cinema, como Gelson Santana e Vicente Gosciola, por exemplo, analisam a adaptação do livro *Meu pé de laranja lima*, romance escrito por José Mauro de Vasconcelos em 1968, e adaptado ao cinema pela primeira vez em 1970, por Aurélio Teixeira, com título homônimo. Eles investigam como "os operadores simbólicos das diversas oralidades se condensaram em formas expressivas no espaço midiático" (SANTANA e GOSCIOLA, p. 5) .

Essa característica também não se faz notar em *Sonhos tropicais*. Embora ocorram inúmeros diálogos e narrações em *off*, a oralidade das personagens aproxima-se tanto do texto escrito, que é quase possível observar a gramática normativa em uso. A única marca expressiva da oralidade é o sotaque da personagem fílmica Esther, mas apenas nas cenas iniciais. Assim que ela passa a ter mais fluência, essa característica se perde, mas isso não significa que ela consegue representar o que vê e sente concreta e simbolicamente.

Em 2002, ano de produção do filme *Sonhos tropicais*, o Brasil vivia um regime democrático de governo, e a principal meta do então presidente, conforme a campanha que o elegeu, era a manutenção do controle da inflação, iniciada pelo Plano Real (1994). A Lei Rouanet, de 1991, que permite às empresas patrocinadoras de cultura abater até 5% no Imposto de Renda, entre outras iniciativas, ajudaram a chamada "retomada do cinema nacional", gerando uma produção ficcional brasileira que buscava fazer um "retrato" do país. *Sonhos tropicais* encaixa-se nesta preocupação temática. O filme trata do Brasil do início do século XX, dos combates às doenças, da falta de saneamento básico e da chegada de imigrantes europeus, especialmente na cidade do Rio de Janeiro, com ênfase nas polacas.

Boa parte do filme mostra a visão que os imigrantes tinham do Brasil, principalmente pelas cartas de Esther, ausentes no romance, que reforçam a ilusão de um país cheio de oportunidades para os recém-chegados, mas rapidamente desfeita, além da prática da malandragem, dos conchavos políticos e da incipiente organização de trabalhadores urbanos. Também é na versão fílmica que se destaca a noção de desencaixe desta personagem e as consequências – trágicas – de sua falta de confiança nas instituições políticas no novo país, onde passa a morar, e nas relações sociais que tenta constituir.

São principalmente os diferentes tipos de narrador do livro e do filme que permitem ao leitor e ao espectador aderir ou desconfiar das histórias que estão sendo contadas. No entanto, em ambas as versões, é possível conhecer os percalços enfrentados tanto pelos personagens reais, como Oswaldo Cruz, que buscar sanear a saúde pública no Rio de Janeiro, quanto os ficcionais, como Esther, a polaca.

REFERÊNCIAS

ANDRADE, Antonio de. e REIMÃO, Sandra. *Fusões:* cinema, televisão, livro e jornal. São Paulo: Universidade Metodista de São Paulo, 2007.

GIDDENS, Anthony. *Modernidade e identidade.* Rio de Janeiro, Zahar, 2002.

SANTANA, Gelson e GOSCIOLA, Vicente. *"O midiático trivial"; Meu pé de laranja lima* – livro, filme. (Trabalho apresentado ao grupo de trabalho "Cultura das Mídias", do XVI Encontro da Compôs, em junho de 2007). Disponível em: http://www.campos.org.br/data/biblioteca_202.pdf.

SCLIAR, Moacyr. *Sonhos tropicais.* São Paulo: Companhia das Letras, 1992.

REFERÊNCIA FÍLMICA

Sonhos tropicais. Direção de André Sturm. 120 min. 2002.

A Hora da Estrela: o romance e o filme

Margarete Aparecida Ferraz Escobar

Mestre em Comunicação pela Universidade Paulista (UNIP), pós-graduada em Comunicação pela Escola Superior de Propaganda e *Marketing* (ESPM/SP). Docente da Universidade Guarulhos (UnG) e da Faculdade Integral Cantareira (FIC). É pesquisadora do Grupo de Pesquisa "Midia, Cultura e Política: Identidades, representações e configurações do público e do privado no discurso midiático", cadastrado no CNPq.

O presente artigo é parte da dissertação de mestrado defendida na Universidade Paulista (Unip), na qual analisamos as identidades de Macabéa, segundo as teorias de Zygmunt Bauman e Manuel Castells, no livro *A hora da Estrela*, de Clarice Lispector (1977), e no filme homônimo, de Suzana Amaral (1985). Para isso, elegemos as passagens do texto literário e as sequências fílmicas em que ocorrem a epifania da protagonista, conceito que será desenvolvido ao longo do artigo.

Para estudarmos a caracterização das identidades de Macabéa, personagem que em ambas versões sai do sertão nordestino para viver na cidade grande, sem nenhum vínculo afetivo, daremos ênfase aos estudos sobre identidade e nas observações dos fenômenos sociais que se manifestam nestas produções. Buscamos também compreender os significados de identidade sugeridos pela autora (livro) e também pela diretora do produto imagético.

A Hora da Estrela, romance

Eis que se misturam os papéis de autora, narrador e personagem no romance *A Hora da Estrela*. Escrito por Clarice Lispector no ano de sua morte (1977), a autora deixa mais uma vez aflorar seus inúmeros sentimentos pessoais e íntimos, que por vezes são transferidos para o narrador criado por ela própria - Rodrigo S. M.

O romance conta a estória de Macabéa, uma jovem nordestina, virgem, órfã de pai e mãe, vinda de Alagoas para o Rio de Janeiro com sua tia. É bem verdade que esse romance está cheio de sentimentos fortes e dolorosos, sem nenhuma piedade para com sua personagem central. Nesta narrativa o narrador começa introduzindo aos poucos características da personagem por acreditar ser ela um misto de imaginações, dores e fraquezas, incapaz de suportar fisicamente se for apresentada tão rapidamente aos leitores: "mas a pessoa de quem falarei mal tem corpo para vender, ninguém a quer, ela é virgem e inócua, não faz falta a ninguém." (1990, p. 28); "nascera inteiramente raquítica, herança do sertão e dos maus antecedentes de que falei." (1990, p. 43)

Macabéa, no Rio de Janeiro, trabalha em uma empresa de roldanas, onde conhece Glória, sua única colega, e tem como obrigações datilografar documentos, mas, desprovida de habilidades intelectuais, culturais e até mesmo de higiene, não sabe manter a documentação limpa e em ordem. O patrão pretende demiti-la, mas desiste, quando ouve de Macabéa um pedido de desculpas.

Na pensão na rua do Acre onde mora, divide o quarto com mais quatro moças, todas balconistas das Lojas Americanas – Maria da Penha, Maria Aparecida, Maria José e Maria.

Macabéa tem poucos prazeres; passeia pelas ruas da zona sul, olhando vitrines e admirando roupas e joias, sonho distante, e, uma vez por mês, se permite ir ao cinema, quando pinta grosseiramente as unhas das mãos de um vermelho escarlate.

Decide, por um dia, descansar o corpo. Para não perder o emprego, prefere mentir para o patrão dizendo que precisa ir ao dentista. Quer sentir-se única dona do quarto.

> Então no dia seguinte quando as quatro Marias cansadas foram trabalhar, ela teve pela primeira vez na vida uma coisa, a mais preciosa: a solidão. Tinha o quarto só para ela. Tranca-se no quarto, aumenta o volume do rádio-relógio que toca uma música dançante, usa o lençol como adereço para enfeitar-se; dança num ato de absoluta coragem, pois a tia não a entenderia. Pára diante do espelho para não perder um só momento de sua liberdade, porque ao estar sozinha se tornava livre. (1990, p. 57 e 58)

Esta condição experimentada por Macabéa é o que se entende por epifania, isto é, uma espécie de iluminação, de transcendência. Como explica Rozania Maria Alves de Moraes, a palavra *epiphanéia*, de origem grega, se compõe de (*epi* = sobre; *phaino* = aparecer, brilhar) e pode ter duas acepções: a primeira, de sentido místicoreligioso, como "aparição ou manifestação divina" ou "festividade religiosa" e, a segunda, de caráter literário.

Vários estudiosos da literatura escreveram e conceituaram epifania na obra de Clarice Lispector. Entre eles destacam-se Affonso Romano de Sant'Anna, que define o termo como o "relato de uma experiência que a princípio se mostra simples e rotineira, mas que acaba por mostrar toda a força de uma inusitada revelação" (In: MORAES, p. 1).

Para Massaud Moisés, "trata-se de um momento de lucidez plena, em que o ser descortina a realidade íntima das coisas e de si próprio" (In: MORAES, p. 2). Concordamos com a síntese dos conceitos proposta por Moraes: "epifania [em] Clarice Lispector é a existência de um instante luminoso, momento especial e modificador para o personagem, mesmo que seja fugaz".

A partir destas definições é que podemos afirmar que no dia seguinte à descrita anteriormente, Macabéa, recomposta do seu momento de prazer, de liberdade e de epifania, sai para o trabalho e, como sempre fazia no final do dia, olha todas as vitrines, mas desta vez sob encantamento. Chove e mesmo assim ela caminha pelas ruas, quando nota um homem que a olha: um laço de identidade os aproxima. Trata-se de Olímpico de Jesus, migrante nordestino, assim como ela. Oferece-se como companhia em sua caminhada e quando ouve o nome da moça passa para o deboche. Macabéa insiste na explicação da origem de seu nome; tratava-se do cumprimento de promessa feita pela mãe, uma vez que sobreviveu ao nascimento e à primeira infância. É a única coisa que ela insistia em defender, pois tem certeza do real motivo de chamar-se assim.

Olímpico nunca lhe faz um agrado, sequer lhe paga um café no bar. Num destes passeios de namorados que fazem pela cidade, Olímpico diz a Macabéa que é preciso ter uma vida feliz; que ele, sim, é feliz e mais: é forte, capaz de movê-la com uma única mão para o alto e transformá-la em um ser voador. Ele tenta erguê-la, mas não resiste. Macabéa cai ao chão, mas como sempre acha tudo natural, não se incomoda.

A moça não consegue despertar em Olímpico o desejo e a paixão. No entanto, quando ele bota os olhos na sua colega Glória, sente algo diferente e rompe o namoro com Macabéa. Aquela, tentando animar Macabéa pelo rompimento do relacionamento, diz que está seguindo as palavras de sua cartomante e sugere que a moça agende um horário com ela.

Em sua primeira e única consulta, Macabéa, trêmula, corta as cartas do baralho e ouve da cartomante que o vazio de sua vida não mais se perpetuaria:

> Você vai se sentir outra. Fique sabendo minha florzinha, que até o seu namorado vai voltar e lhe propor casamento, ele está arrependido! [...] Você conhece algum estrangeiro? Pergunta a cartomante. Pois vai conhecer. Ele é alourado e tem olhos azuis ou verdes ou castanhos ou pretos. E se não fosse porque você gosta de seu ex-namorado, esse gringo ia namorar você. (1990, p. 95 e 96)

A personagem fica desorientada e treme de felicidade com as palavras de Madame Carlota. Passa a sonhar acordada por segundos com o novo amor gringo de nome Hans. Está radiante; afinal em pouco tempo irá conhecer o homem que vai mudar sua vida para sempre. Fica em estado de graça e ao descer da calçada para a rua é atropelada por um veículo grande e luxuoso. Cai no meio-fio da rua, bate a cabeça por onde escorre um fio de sangue vermelho vivo.

> Então – ali deitada – teve uma única felicidade suprema, pois ela nascera para o abraço da morte. (1990, p. 103)

A Hora da Estrela, filme

Macabéa, interpretada pela atriz Marcélia Cartaxo

O filme inicia com a personagem Macabéa datilografando com dificuldade. Seu desempenho não agrada seu chefe, pois além de lenta, não é dada à higiene pessoal. Isso certamente custará seu emprego. Macabéa é uma pessoa que sempre pede desculpas às pessoas, e com seu chefe não é diferente. Macabéa é uma jovem moça, órfã de pai e mãe, que saiu do sertão da Paraíba para São Paulo.

Durante seu trabalho divide-se entre ouvir as histórias amorosas de sua colega Glória e prestar atenção aos telefonemas. A colega observa Macabéa e diz que ela está fraca, miúda e precisa se alimentar bem para ganhar corpo, ficar mais saudável, assim como ela que foi criada na carne, pois seu pai era açougueiro.

Numa outra sequência, a personagem caminha solitária pela cidade. Um dos seus passeios preferidos é andar de metrô. Parece observar tudo à sua volta, mas não entende como as coisas acontecem. Olha para os pedestres o tempo todo, até pensa que está sendo correspondida.

Como Macabéa presta atenção nas pessoas e em suas ações, decide imitar a colega Glória e mente para o chefe, seu Raimundo, dizendo que faltará ao trabalho no dia seguinte porque vai retirar um dente. Quando amanhece, está ansiosa para ficar sozinha. Na sequência, toma o quarto para si logo após a saída de suas colegas. Demonstrando contentamento, aumenta o volume do rádio-relógio, dança, rodopia e até dá um largo sorriso. Por um instante é interpelada pela dona da pensão, que acha muito diferente a presença da moça naquele horário, mas a curiosidade não a abala. Volta a dançar e a rodopiar, usando todo o espaço do quarto; incorpora o lençol como adereço e o transforma em um véu sobre a cabeça. Imagina-se uma mulher encantadora e santa. Volta-se diante do espelho, se observa e em pensamento declara:

> Sou datilógrafa, virgem e gosto de coca-cola.

Nesta sequência identificamos o momento epifânico de Macabéa.

Em um de seus passeios solitários conhece Olímpico, na Praça da República. Ele se aproxima e quer conversar com Macabéa. Ela está tão encantada com o moço, que até compra um batom para si. Outros encontros acontecem e parece que o casal de namorados não tem muito que dizer um para o outro, apesar de Olímpico ser mais esperto que Macabéa.

Como os encontros vão ficando mais constantes, Olímpico se mostra cada vez mais impaciente e até mesmo ignorante com a moça. Maltrata-a constantemente e a subestima, dizendo que ela não é nada. Ele parece perturbado pela moça que faz muitas perguntas, todas retiradas do noticiário do rádio-relógio. Quando Macabéa lhe dá uma ficha telefônica para que Olímpico ligue para ela no escritório, este é mais um motivo de zombaria. Enquanto isso, Glória, infeliz com sua condição de solteira, consulta a cartomante Madame Carlota para saber seu futuro. É quando decide conquistar justamente o namorado de Macabéa, Olímpico, que decide ficar com as duas mulheres, mas, num passeio ao zoológico, acaba confessando a Macabéa que encontrou outra pessoa. É quando o namoro termina.

Na sequência seguinte, Macabéa está triste, pensativa e até se irrita com Glória que, provocando, pergunta se "ser feia dói." Numa resposta súbita, Macabéa diz não saber, mas repete a pergunta a Glória. A partir deste momento, a personagem está muito fragilizada e tudo culmina em sofrimento pelo afastamento do namorado. Glória, para tentar confortá-la, sugere que Macabéa vá até Madame Carlota, sua cartomante, pois só ela poderia lhe dizer o futuro. Macabéa pega emprestado o dinheiro com a colega e segue.

A cartomante, assim que a recebe, conta parte da vida passada de Macabéa, que a ouve atenciosamente. Dá conselhos para que a moça olhe também para as mulheres em sua volta, pois julga ser a personagem muito frágil na mão de um homem. Ela parece não gostar muito. Madame Carlota adivinha todo o passado de Macabéa e relata o seu sofrimento, inclusive a perda do namorado. Ao tratar do futuro diz à personagem que ela perderá o emprego, mas subitamente muda seu discurso, afirmando que a moça conhecerá um homem, um gringo que a fará bastante feliz, que irá mudar radicalmente sua vida no instante que sair de sua casa.

Na sequência, Macabéa, ainda muito confusa com as informações da cartomante, meio que sonhando com tudo que ouviu, desce da calçada e é atropelada por um veículo; fica caída no meio-fio. Da cabeça escorre um fio de sangue. Algumas pessoas estão à sua volta, observando-a. Macabéa morre ali.

As identidades de Macabéa: livro e filme

Na análise do romance *A Hora da Estrela* e na sua adaptação para o filme homônimo, nos deteremos na representação da identidade de Macabéa, a protagonista, especialmente em suas situações epifânicas, a partir dos conceitos de Castells. Segundo este autor, identidade é "o processo de construção de significado com base em um atributo cultural" permeado por relações de poder (Castells, 1983, p. 22-3). Por isso, propõe três categorias de identidade que, no decorrer da análise, serão adaptadas para a protagonista:

A *identidade legitimadora* ocorre quando uma instituição da sociedade determina seu poder através da dominação sobre o indivíduo, como o poder dos sindicatos sobre seus filiados (Castells, 1983, p. 24).

A *identidade de resistência* é desenvolvida por indivíduos que estão em situação de desvalorização pessoal diante da dominação de outros. São os atores contrários à dominação atual, criando resistências com princípios diferentes ou opostos à sociedade (Castells, 1983, p. 24).

E há, também, a *identidade de projeto*, quando o cidadão utiliza-se de qualquer material cultural e reconstrói sua identidade para o convívio em sociedade e, assim, se projetar diante dos outros, adquirindo uma vida diferente (Castells, 1983, p. 24).

Macabéa aparenta ter identidade *legitimadora* quando se vê na cidade grande, exercendo a profissão de datilógrafa, mesmo sendo semianalfabeta, o que se confirma na sequência fílmica em que se observa diante do espelho, e confessa para si mesma que é datilógrafa, virgem e gostar de coca-cola.

O casamento, que reforçaria a identidade legitimadora de personagens femininas que não teriam dificuldade para corresponder a esta expectativa social, transforma-se, para Macabéa, não em identidade de projeto, mas de resistência, pois, somente ao se imaginar ao lado de um homem é que se vê como alguém capaz de superar a rejeição e com meios para se defender da dominação alheia. Para isso, o eleito poderia ser tanto Olímpico, como outro homem qualquer. Ela realiza sua primeira ação na direção da busca de um parceiro quando compra um batom, para melhorar sua aparência, e muda seu vestuário, bastando um olhar para Macabéa achar que existe interesse de alguém por ela. A partir deste momento, Macabéa sente-se tão feliz, que mesmo ao passear de metrô, consegue aproximar-se das outras pessoas, embora nunca seja sequer notada. Quando os passeios com Olímpico ficam mais constantes, a personagem demonstra acreditar que está conquistando o metalúrgico e fica mais segura de si e de seu casamento em breve.

A identidade de *resistência* não chega a se desenvolver; ela apenas se manifesta por um curto intervalo de tempo quando a protagonista sonha com um casamento. O máximo que Macabéa consegue lograr, e a muito custo, é a confirmação de seu nome de origem e, nos momentos epifânicos, a libertação de suas aflições, culminando em sua morte, ao final das narrativas literária e fílmica.

Como vimos, dos três tipos de identidade definidos por Castells, podemos reconhecer apenas dois na personagem Macabéa, tanto na versão literária como na audiovisual, e por isso eles serão mais desenvolvidos a seguir.

Identidade legitimadora em Macabéa

No livro, a morte precoce dos pais de Macabéa a afastou de sua primeira identidade, a familiar. Seu único parente – a tia – era pessoa amargurada e cheia de manias que transferiu para sobrinha seus rancores e censuras. Quando Macabéa vai para o Rio de Janeiro, então com dezenove anos e percebendo sua solidão neste novo mundo, procura integrar-se com as pessoas da pensão onde vai morar e também com Glória, a colega de trabalho. Consegue emprego como datilógrafa, ofício que aprendeu com a tia falecida, mas como carece de habilidade para o trabalho, seu desempenho é pífio, comprometendo a aparência e higiene dos documentos.

> limito-me a contar as fracas aventuras de uma moça numa cidade toda feita contra ela. Ela que deveria ter ficado no sertão de Alagoas com vestido de chita e sem nenhuma datilografia, já que escrevia tão mal, só tinha até o terceiro ano primário. Por ser ignorante era obrigada na datilografia a copiar lentamente letra por letra – a tia é que lhe dera um curso ralo de como bater à maquina. (LISPECTOR, 1990, p. 29)

Macabéa fala com muita propriedade apenas em defesa do seu próprio nome, talvez porque seja a única parte concreta da história de seu passado. O nome próprio, afinal, é uma das instâncias que legitimam a identidade de um sujeito.

Identidade de resistência em Macabéa

Uma importante sequência no filme que retrata a identidade de resistência para a personagem é quando Macabéa, passeando pela cidade, e observando as vitrines com manequins vestidos de noiva, sonha com a possibilidade de tornar-se uma das noivas ali expostas, como sugere Lipovetsky (2000, p. 233):

> até nossos dias, a existência feminina sempre se ordenou em função de caminhos social e naturalmente pré-traçados: casar, ter filhos, exercer as tarefas subalternas definidas pela comunidade social.

A pretensão de Macabéa era construir uma nova vida e essa, necessariamente, passava por um marido que lhe proporcionasse uma imagem mais segura e feliz. Algo que pudesse torná-la parte integrante do mundo novo que escolheu para viver. Como já dissemos anteriormente, e não custa reforçar mais uma vez, a ideia de unir-se a um homem, para Macabéa, ganhava ares de resistência, uma vez que apenas desta maneira é que se sentia capaz de reconstruir sua identidade para o convívio em sociedade.

Nova situação vivida pela personagem que reforçaria sua condição de permanência nesta categoria de identidade é quando se dá conta de que o telefone do escritório apenas toca para Glória. Macabéa, então, entrega uma ficha telefônica para o namorado e pedelhe que ligue e converse com ela. Esse movimento, que na visão de Lipovetsky, se configuraria como legitimação de um namoro, para Macabéa transforma-se em resistência, de tão solitária que é.

Perseguindo o projeto de casar-se, Macabéa começa uma transformação visível, como o filme revela. A moça, que sempre está de cara limpa e usa roupas escuras e ultrapassadas, muda sua postura e passa a usar o batom que comprou pela primeira vez. Aos poucos, as sequências vão mostrando uma personagem mais *clean*, que repagina seu vestuário, usando cores e estampas mais claras.

Apesar de continuar sem atrativos físicos, essa mudança é bastante significativa na tela do cinema, principalmente na sequência em que sai da casa de Madame Carlota com o vestido novo que comprou para experimentar uma nova condição de felicidade.

Outros momentos em que podemos reconhecer identidade de resistência no filme ocorrem na troca de olhares entre Macabéa e seu namorado Olímpico. Ambos se percebem e se reconhecem como migrantes, mas desejam ser parte integrante da cidade grande, ou seja, desejam reconstruir suas identidades para o convívio nesta nova sociedade. Macabéa planeja conquistar este posto por meio do casamento; Olímpico, desejando eleger-se deputado e trocando de namorada para ter alguma ascensão social. Tais comportamentos vão ao encontro da proposição de Zygmunt Bauman, teórico da identidade, segundo o qual a construção de uma identidade está diretamente relacionada à condição de pertencimento de um indivíduo com o local em que vive, não tendo necessariamente uma estagnação total e permanente. Em outras palavras, tanto Macabéa quanto Olímpico se reconhecem em suas identidades de origem, mas tentam superá-las, vivendo na cidade grande.

> [...] e se reconheceram como dois nordestinos, bichos da mesma espécie que se farejam. [Olímpico] Tinha o tom cantado e o palavreado seboso, próprio para quem abre a boca e fala pedindo e ordenando os direitos do homem. (LISPECTOR, 1990, p. 59 e 63)

A identidade de resistência, como já demonstramos, é a que mais reconhecemos em *A Hora da Estrela*. Se até agora vimos algumas sequências ou passagens do livro em que ela se manifesta, há dois momentos fundamentais, em ambas as versões, que merecem destaque.

A primeira delas ocorre quando nossa personagem inventa uma história pouco convincente ao chefe apenas para poder faltar ao trabalho. Neste dia de folga, Macabéa vive seu momento de exaltação ou epifânico. Nestes poucos minutos, tanto no filme como no livro, Macabéa pôde ficar com o quarto apenas para si, sem colegas, sem a lembrança da tia e sem a influência de Glória, o que lhe permitiu momentos de felicidade extrema.

Dançando e rodopiando, Macabéa se observa na frente do espelho e transfigura-se em outro ser, numa espécie de santidade: quando põe o lençol sobre a cabeça, enxerga-se como uma figura bíblica. Gosta tanto do que vê que volta a dançar e a rodopiar, o que parece ter exaltado ainda mais esse estado de delírio. Tais movimentos de corpo, que podem ser associados aos dervixes turcos, que giram em rituais místicos, buscando um estado de transe que torne mais fácil a união espiritual com Deus, foram, em certa medida, realizados por Macabéa. Ela permanece neste estado de comunhão com o divino por vários minutos, sempre se observando no espelho, como se estivesse em um altar para ser contemplada. Macabéa transfigura-se numa figura santificada.

O outro momento que merece especial atenção ocorre no exato momento em que Macabéa sai da consulta da cartomante, imaginando um futuro iluminado pela companhia de um marido de nome estrangeiro. Ela não mais seria a Macabéa que parece ter nome de doença de pele nem a nordestina semianalfabeta na cidade grande, nem a santa que se admira no espelho. Seria, finalmente, a "Sra. Hans". Apesar de não consumar casamento algum, é seu imaginário que a faz morrer feliz, imaginando, no lugar do motorista imprudente, seu tão esperado noivo. Neste momento Macabéa transfigura-se numa mulher feliz, muito feliz.

Considerações finais

Momentos nos pegamos relembrando Macabéa, que morre solitária em uma rua da cidade. Que triste fim para a pobre moça nordestina, visto que sua libertação se deu somente neste ínfimo instante de vida, quando ficou estendida no chão, à beira da morte, tanto no livro como no filme. A personagem gostaria de ter podido comer mais goiabada com queijo, ter tido belos vestidos, ter sido mulher de deputado e ainda artista de cinema. Não deu tempo para nada disso. Ela, que deixou o sertão da Paraíba em busca de uma condição melhor de vida na cidade grande, continuou não só à margem da sociedade, como também desprovida de suas identidades, pois rejeitou a condição de mulher nordestina, mas não alcançou ser como as da cidade grande.

Macabéa não desenvolveu por completo nenhuma das três identidades. A legitimadora não chega a bom termo porque a protagonista era péssima datilógrafa, não se via e nem era vista como profissional. Ela era apenas virgem e consumidora de coca-cola, atributos pouco importantes para a configuração de uma identidade. A de resistência, embora Macabéa se esforçasse para alcançá-la por meio de um casamento, seja com Olímpico, seja com qualquer outro companheiro, não foi realizado. Macabéa pediu um único telefonema de Olímpico, mas nem isso obteve, pois ele usou a ficha telefônica que ganhou dela para outros contatos.

A grande questão abordada nas duas produções — filme e livro — está centrada em torno da dificuldade enfrentada pelos nordestinos que migram e esperam encontrar uma vida mais digna e produtiva fora da sua terra natal. Macabéa morreu acreditando que poderia pertencer a essa nova vida, a esse novo espaço. Morreu sem saber que Olímpico estava disposto a reencontrá-la para, quem sabe, iniciarem juntos a vida que ela tanto quis.

Clarice Lispector depositou na personagem Macabéa seus sentimentos e suas próprias experiências de infância vividas em Recife, e atribuiu o ar perdido dos nordestinos que estavam na cidade do Rio de Janeiro à visita que fez ao aterro onde se reuniam, como explicou na sua única entrevista gravada para TV Cultura, em 1977.

Como vimos no decorrer do texto, dois momentos foram marcantes para configurar um princípio de construção da identidade legitimadora e de resistência da personagem. No filme como no livro, Macabéa desenvolveu a primeira identidade quando assumiu ser datilógrafa e seu nome próprio. Mas seriam nos momentos de epifania que desenvolveria sua identidade de resistência — jamais concretizada.

REFERÊNCIAS

BAUMAN, Zygmunt. *Comunidade*: a busca por segurança no mundo atual. Rio de Janeiro: Editora Jorge Zahar, 2003.

____________. *Identidade*. Rio de Janeiro: Editora Jorge Zahar, 2005.

CASTELLS, Manuel. *O poder da identidade*. São Paulo: Editora Paz e Terra, 1983. v. 2.

LIPOVETSKY, Gilles. *A Terceira Mulher* – Permanência e revolução do feminino. São Paulo: Cia. das Letras, 2000.

LISPECTOR, Clarice. *A Hora de Estrela*. 18. ed. Rio de Janeiro: Francisco Alves Editora, 1990.

MORAES, Rozania Maria Alves de. *Epifania e "crise"*: uma análise comparativa em obras de Clarice Lispector e Marguerite Duras. Disponível em: http://www.cchla.ufrn.br/odisseia/numero2/arquivos/1_Rozania_Maria_Alves_de_Morais.pdf. Acesso: 17 set. 09.

FILME

A Hora da Estrela. Direção: Suzana Amaral, São Paulo, 1985.

A representação da construção da identidade feminina nos produtos midiáticos: *The Stepford Wives* (1975) e *Desperate Housewives* (2004)

Ana Carolina Bernardo Macedo

Mestre em Comunicação pela Universidade Paulista (UNIP). Publicitária, docente do Instituto de Comunicação da Universidade Bandeirante (UNIBAN, 2009) e pesquisadora do Grupo de Pesquisa "Mídia, Cultura e Política: identidades, representações e configurações do público e do privado no discurso midiático", cadastrado no CNPq.

O despertador toca. Parece que as horas não passaram. A sensação é como se tivesse acabado de se deitar. Mas ele tocou, avisando que um novo dia começa. Levantar-se, vestir-se, alimentar-se e cumprir a apertada agenda do dia. Não há mais nenhum espaço vazio. Nem mais um minuto. Uma rotina cansativa em que desempenhamos vários papéis: de dona de casa, de mãe, de esposa, de estudante, de profissional, de amiga, etc.

Este é o retrato da vida de uma mulher contemporânea, reforçado pela mídia cinematográfica e televisiva: desenvolver múltiplos deveres de forma eficiente e quase todos ao mesmo tempo.

Neste trabalho, pretendemos analisar esta representação partindo de teóricos que pensaram a construção da identidade feminina a partir da década de 70 até o início do século XXI, tomando como exemplos dois produtos midiáticos: o filme *The Stepford Wives (S.W)* e o seriado *Desperate Housewives (D.H)*. O primeiro, de 1975, aborda como o movimento feminista começava a alterar as relações sociais de gênero e como o próprio homem temia essas mudanças. O segundo, de 2004, mostra a mulher "pós-moderna" do séc. XXI. A relação histórica entre eles é um fator importante para averiguarmos se, após aproximadamente 30 anos entre um e o outro, a mulher é representada pela mídia de uma forma que lhe permita se identificar ou se é uma idealização do masculino sobre o feminino. Para isso, iremos nos focar nos conceitos de identidade desenvolvidos por Stuart Hall (2005) e Manuel Castells (2000).

Não é nossa pretensão realizar uma análise fílmica, mas aplicar os conceitos de identidade destes dois teóricos, identificando as maneiras pelas quais as mulheres são representadas nos dois produtos midiáticos, contextualizando-as com os elementos das narrativas e das características dos personagens centrais. Observaremos, além disso, o contexto histórico destas representações, pois o filme se situa no ano de 1975, época próxima ao início das manifestações políticas do feminismo, e o seriado, no ano de 2004, refletindo a mulher do século XXI.

Esperamos, por meio desta metodologia, contribuir com os estudos acerca da identidade e das representações femininas veiculadas pela mídia cinematográfica e televisiva.

Os produtos midiáticos

The Stepford Wives[1] (Esposas em Conflito) foi lançado em 1975. O diretor Bryan Forbes adaptou o romance de Ira Levin, de mesmo título, um *thriller* de suspense e ficção científica, que procurou mostrar a fictícia cidade de Stepford, lugar onde a vida é perfeita, pelo menos para os homens. O personagem Walter Eberhart é seduzido pela qualidade de vida em Stepford e decide mudar-se para lá com sua esposa Joanna, seus dois filhos e seu cachorro para viver aquela promessa de felicidade e plenitude (coisas que faltavam em seu casamento). Ele imediatamente entra para a Associação dos Homens, presidida por Dis, ex-fabricante de robôs da Disneylândia, que conhece o incrível segredo das perfeitas donas de casa locais. No desespero de salvar seu matrimônio e ter em casa o espelho das esplêndidas mulheres dos colegas da Associação, Walter cede à loucura de Dis e também transforma sua esposa, que sonhava em ser fotógrafa, em um robô de seios mais fartos e obediente a todas as normas daquele elitista subúrbio americano.

O seriado do canal ABC, *Desperate Housewives*, de Marc Cherry, lançado em 2004, tem estimativa de prosseguir até 2011. Seus episódios retratam um segmento da sociedade americana contemporânea, especialmente o das mulheres de alto poder aquisitivo, e o que está escondido por trás das lindas fachadas das enormes casas do subúrbio de Wisteria Lane, onde moram.

As personagens femininas principais são[2]:

a) Susan Mayer, escritora e ilustradora de livros infantis, abandonada pelo marido, que a substituiu pela secretária, cuida de sua filha adolescente sozinha. Romântica e atrapalhada ainda acredita que um príncipe encantado irá surgir para salvá-la;

---

1 Em 2004, este filme ganhou uma refilmagem, tendo seu roteiro modificado para referenciar a realidade da mulher do século XXI. O filme manteve o mesmo nome do original *The Stepford Wives*, porém, com título diferente no Brasil — Mulheres Perfeitas. Preferimos trabalhar com a versão original, visto que a refilmagem foi lançada depois do seriado *Desperate Housewives*. Portanto, os elementos de intertextualidade se fazem sobre o primeiro.

2 Traços e características das personagens foram embasados na primeira temporada do seriado.

b) Lynette Scavo, mulher de Tom Scavo e mãe de 4 filhos. Abandona o trabalho numa agência de publicidade para ser dona de casa e mãe presente. Mas, apesar do esforço, não consegue desempenhar bem a tarefa de "mãe-do-lar". Seu marido, ao reconhecer que Lynette é melhor profissional que ele, embora contrariado, inverte os papéis e a "deixa" voltar ao mundo dos negócios, enquanto ele passa um tempo cuidando da casa e dos filhos, apesar de não conseguir permanecer muito tempo nesta nova função;

c) Bree Van de Kamp é a idealização da mulher de Stepford na série. Representa o traço mais forte de intertextualidade com o filme, pois seu nome é semelhante ao da personagem Carol Van Sant, além do seu filho, Andrew, no primeiro episódio, chamá-la de "moradora de Stepford", e do fato de que ela assume, em todas as suas atitudes, a posição de esposa-robô-perfeita. Esta dedicação intensa à casa acaba por esfriar seu relacionamento com o marido Rex, resultando em separação. Bree tenta lutar pelo seu relacionamento e esconder da sociedade que está passando por problemas conjugais, já que acredita ter a família mais impecável de Wisteria Lane;

d) Gabrielle Solis, ex-modelo, molestada pelo padrasto na infância, filha de prostituta latina, atual esposa de Carlos Solis, rico empresário do ramo de fusões e aquisições. Este, por passar horas no trabalho para ganhar ainda mais dinheiro para Gabrielle gastar, acaba sendo traído por ela com o jardineiro adolescente;

e) Mary Alice Young é quem narra o seriado e, aparentemente, tinha uma vida perfeita até se suicidar, nas primeiras cenas. A partir de então, torna-se uma narradora onisciente e onipresente das desventuras de todos os outros personagens da série.

A representação das relações de gênero simbolizadas nos produtos midiáticos

No filme *(S.W)* algumas referências simbólicas iniciais acabam por revelar a sua temática. Exemplo disso é quando, nos primeiros minutos, Joanna se despede de seu apartamento em Nova York. Ela aproveita para ficar na janela olhando as ruas movimentadas, enquanto ouve o barulho do trânsito. Logo após, já no automóvel, pronta para sair com a mudança, um acontecimento chama sua atenção: um homem tentava atravessar a rua, segurando um manequim sem roupas. Ela começa a fotografá-lo, demonstrando admiração e importância exageradas, pois se trata, afinal, de algo corriqueiro. Esta sequência anuncia o fim da personagem, pois ela acaba sendo transformada em um robô, pronta para atender ao seu dono (marido). Outra unidade simbólica abordada no filme é a ausência de olhos nos desenhos e protótipos dos robôs das esposas, desenhados pelos representantes da Associação dos Homens. Os olhos, como sabemos, representam a essência da alma, segundo a antológica frase de Leonardo da Vinci: "O olho é a janela da alma e o espelho do mundo". Como num simples olhar as pessoas mostram reações, sentimentos, frustrações, enfim, o que pensam; os olhos de vidro das robôs-esposas nada refletem, pois elas são programadas para apenas obedecerem às ordens.

Já no seriado *(D.H)* uma das maiores representações simbólicas é a abertura e temática deste programa de televisão (também denominado *sitcom*) – a vida das mulheres que têm que ganhar do mercado de trabalho, de uma sogra rabugenta, dos filhos "endemoniados", da lavadora de roupas quebrada ou de qualquer outro problema da vida moderna. O tema de *D.H* se contrapõe ao das mulheres vividas em Stepford, na década de 70, embora estas também tenham que driblar alguns dos preconceitos e características herdadas das esposas perfeitas, símbolos do sexo da "fragilidade". Essas relações são polêmicas e variantes mediante o caráter histórico, social e cultural.

> Desde a cultura greco-romana, a condição feminina é representada como passiva e inferior, tomando como parâmetro o padrão anatômico, fisiológico e psicológico masculino. Toda a carga histórica de valores e comportamentos diferenciados e discriminatórios entre homens e mulheres fundou o que se convencionou chamar relações de gênero, construídas e perpetuadas social e economicamente e determinadas pela cultura e pela história. (PIRES, 2003, p. 207)

A abertura do seriado reflete esta gradual mudança da representação da mulher ao longo da história, por meio de reproduções de obras de arte. Além disso, foi inspirada e utilizou os mesmos recursos gráficos da abertura de Monty Python[3], antecipando, assim, que o enredo será desenvolvido valendo-se do humor. Através da colagem de obras de arte, a sátira aos momentos vivenciados pelas mulheres vai sendo ressaltada quadro a quadro, como podemos ver a seguir:

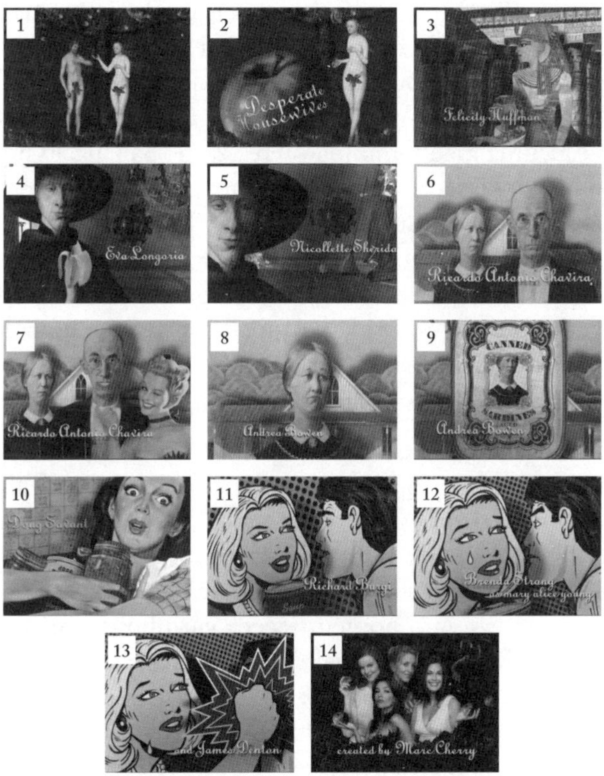

Abertura do seriado

O primeiro quadro representa Adão e Eva no Paraíso (1), antes da Queda, isto é, quando ambos ainda são inocentes. Logo após, a

3 Disponível em: http://www.oqdesign.com.br/34/galeria.html. Acesso: 29 jun. 2009.

maçã cai e, quando esmaga Adão, o título da série é revelado, demonstrando que o enredo será voltado para as *Desperate Housewives*, ou seja, para "as donas de casa desesperadas" (2). Estas, assim como Eva, foram criadas a partir da costela de Adão, mas, apesar da opressão de que são vítimas, sobrevivem, ao contrário de Adão, que desaparece sob o peso da enorme maçã. *Desperate Housewives* é um título que se explica sozinho: mulheres que cuidam de suas casas, do trabalho, da família, mas que continuam aflitas e pouco realizadas.

Cleópatra (3) é a próxima representação. Ela é uma das primeiras figuras femininas da história ocidental a ter posição de poder e dominação frente aos homens. Logo depois, entra o quadro da arte gótica flamenga, de Jan Van Eyck, O *Casal Arnolfini* (4). No efeito da animação, uma mão feminina oferece uma banana ao homem do quadro, o que pode ser interpretado como uma mensagem ambígua: de submissão, pois é a mulher que serve o homem, mas também de desprezo, uma vez que, ao menos na cultura brasileira, oferecer uma banana a alguém significa ofendê-lo, vingar-se dele, repudiá-lo. A casca, jogada ao chão, é varrida pela madona vassala, simbolizando a mulher-mãe-dona de casa. (5)

Na sequência, entra o quadro *American Gothic*, de Grand Wood (6), uma crítica ao início do crescimento da burguesia americana, graças ao estímulo da aquisição dos bens de produção. Tal imagem explicita ainda os padrões puritanos e éticos da cultura norte-americana dos anos 30 (ano da obra). A mulher, que representa a filha do homem do quadro, transforma-se na marca do enlatado que aparece na sequência (9). Já o homem recebe carinho de uma *pin-up* — símbolo da mulher objeto sexual e de desejo do homem pós-guerra — que o seduz, deixando-o feliz (7), e a filha solteirona expressa tristeza (8). Em seguida, surge uma nova figuração de mulher bem parecida com as mulheres perfeitas de Stepford (10), segurando vários alimentos industrializados nos braços para seu lar. Por estar com muitos produtos nas mãos, uma lata das sopas Campbell's – usada por Andy Warhol em uma das suas mais famosas obras – cai de seu colo que, na sequência, é agarrada pela representante feminina do próximo quadro, também da pop art. Trata-se de uma pintura de Roy Lichtenstein. O casal discute (11), a mulher chora (12) e depois esmurra o homem (13), deixando-o machucado e sem equilíbrio. Ao cair, derruba o fundo da tela, mostrando que por trás estão as quatro personagens, cada uma segurando uma maçã, como se fosse uma retomada da primeira imagem. Por conta do ar de sedução que expressam, assumem mais o papel da serpente que o de Eva (14).

A primeira da esquerda é Bree. Ela segura a maçã com um ar angelical, como a perfeita dona de casa que é. A de baixo, à esquerda, é Gabrielle. Ela usa um grande decote e olha com um ar sedutor e desafiador, típico da sua personagem manipuladora. A que está na parte superior central é Lynette, simbolizando a mulher *workaholic* moderna, com roupa de executiva e um ar como se estivesse apresentando a maçã para vendê-la. E, por último, Susan, com seu ar de adolescente romântica e atrapalhada.

Elas são fruto dessa pluralidade de papéis que as mulheres pós-modernas exercem. São belas, brancas, magras e representam o estereótipo da mulher que, mesmo atarefada e com quatro filhos para criar, ainda consegue cuidar do corpo, da beleza e corresponder ao que se espera dela na sociedade de consumo norte-americana. Isso também retrata uma mudança diante da identidade feminina dos novos tempos. Enquanto as mulheres da década de 70, como Joanna e Bobby (personagens femininas principais de *The Stepford Wives*), se preocupavam em ir contra os padrões pré-estabelecidos, tornando feminino usar calças e peças de roupas masculinas, ou lutando pela melhoria da qualidade de vida das mulheres, as de hoje se voltam a ideais fúteis, reforçando os estereótipos que as representam como seres mais preocupados com o efêmero da estética e como individualistas.

Identidade e a cultura pós-moderna

Os conceitos acerca das questões que envolvem identidade e sujeito são objetos de estudo de sociólogos, psicólogos, filósofos, antropólogos, entre outros, o que tornam múltiplas as teorias em torno da definição de indivíduo e identidade. Para nossa análise, nos apoiaremos em dois autores seminais que debatem estes temas: Stuart Hall e Manoel Castells.

Hall nos aponta três concepções de identidade:

• O sujeito do Iluminismo – advindo da valorização do ser humano, cujo centro das aspirações teóricas era o indivíduo e sua formação intelectual, racional e sensorial. "O centro essencial do eu era a identidade de uma pessoa." (HALL, 2005, p. 11)

• O sujeito sociológico – o núcleo interior do indivíduo sofre alterações com o mundo moderno e é influenciado por este, não sendo mais tão autônomo e autossuficiente, mas fruto das relações com outras pessoas. "O sujeito ainda tem um núcleo ou essência interior que é o 'eu real'", e prossegue "mas este ainda é formado e modificado num diálogo contínuo com os mundos culturais 'exteriores' e as identidades que esses mundos oferecem." (HALL, 2005, p. 11)

• O sujeito pós-moderno – É o sujeito oriundo dessas relações sociais que acaba por se tornar múltiplo, se adequando a cada circunstância vivida. "O sujeito assume identidades diferentes em diferentes momentos, identidades que não são unificadas ao redor de um 'eu' coerente." (HALL, 2005, p. 13)

Além das mudanças sociais e culturais, o desenvolvimento das tecnologias também colabora para que o indivíduo se torne mais e mais multifacetado. O sujeito, hoje, através da internet, por exemplo, consegue ser quantos quiser e estar onde quiser em questão de segundos. A relação tempo-espaço se torna fluida e mutante na identidade do homem pós-moderno.

Para Castells (2000), identidade é o processo de construção de significado com base nos atributos culturais e sociais que, relacionados, favorecem a criação de outros significados e de identidades múltiplas. O indivíduo, ao representar seus diversos papéis na sociedade, adquire várias máscaras e fachadas sendo definido, por quem o observa, por essas atuações. Portanto, identidade é a construção de um indivíduo sendo representada nas suas várias performances diante da sociedade ou em seus grupos de convívio.

Tanto Hall (2005) como Castells (2000) concordam que essa multirepresentatividade do caráter da identidade é exercida pelo indivíduo de forma a se modificar com o passar do tempo e nas suas relações sociais e culturais. Todas essas formas de relacionamento do indivíduo em grupo se reorganizam mediante alterações sofridas não só em si (construção do eu), como em função das mudanças de significados da sociedade.

Castells (2000) propõe três formas de origem e construção da identidade para analisar o contexto marcado pelas relações de poder na definição do processo da identidade do indivíduo:

• Identidade legitimadora: construída a partir do caráter de ordem e de leis, disseminada e imposta pelas instituições de poder. Ex.: igreja, Estado, família, etc.

• Identidade de resistência: construída através de valores que, geralmente, vão contra as identidades legitimadoras, pois concerne em ir contra estigmas impostos. Grupos de minoria e desvalorizados se unem e se impõem contra essa lógica dominante. Ex.: movimento hippie, movimento feminista, movimento anti-racismo, etc.

• Identidade de projeto: é a construção de novas formas de se reorganizar uma identidade. Através desta proposta, a sociedade é transformada e novos valores são implantados. Ex.: o papel da nova mulher, o homossexual mais atuante e representado sem maiores preconceitos, etc.

Esses três tipos de construção de identidade podem ser encontrados no enredo de ambos os produtos midiáticos (*D.H* e *S.W*). A partir da definição destas categorias, conseguiremos destacar como o filme e o seriado retratam o processo de identidade da mulher, construído num contexto social determinado, mas em momentos históricos diferentes. A identificação da mulher com estes produtos se faz necessária para atrair a atenção das receptoras.

Identidade legitimadora: a fachada da sociedade da alta classe norte-americana.

Em Wisteria Lane (*D.H*) há belas ruas, manhãs sempre ensolaradas, casas sem muros, jardins impecáveis, carros de luxo descansam em garagens abertas, pessoas praticam exercícios ao ar livre e ao som do canto dos pássaros. Uma mulher linda, loira e de olhos azuis sai da sua casa e acena cordialmente ao vizinho da frente, que está saindo para deixar os filhos na escola, mas só após receber um suave beijo da dedicada e amorosa esposa que ficará em casa para cuidar do lar.

Essa poderia ser a abertura de *Desperate Housewives*, de *The Stepford Wives* ou de um comercial de margarina. Na verdade, isso retrata o *american way of life*. O branco, cristão e com família chefiada pelo homem é a fórmula de sucesso em que se baseia a sociedade e a cultura nacionalista americana[4]. Esse jeito de viver e de manter uma cultura arraigada em valores morais estáticos é algo que prevalece, principalmente, entre os adeptos do fundamentalismo cristão e do protestantismo, religiões da maioria dos norte-americanos. Enquanto valores como o patriarcalismo, a família, os casamentos indissolúveis, entre outros, se decompõem na vida cotidiana, é no pilar religioso que ainda se procura manter um controle maior e a legitimação de um grupo social, como nos explica Castells (2000):

> Ao rezarem juntas, essas pessoas se tornam capazes de conviver outra vez. Justamente por essa razão, o fundamentalismo cristão norte-americano está profundamente marcado pelas características culturais do país, seu individualismo amparado na família, seu pragmatismo e seu relacionamento personalizado com Deus, como também com os desígnios de Deus, como uma forma de solucionar os problemas pessoais em uma vida cada vez mais imprevisível e incontrolável. Como se o fundamentalista, rogando a Deus, fosse receber da misericórdia divina a restauração do *American Way of Life*, em troca do compromisso do pecador com o arrependimento e o testemunho cristão. (CASTELLS, 2000, p. 43)

4 O termo WASP designa os descendentes anglo-saxões, brancos e protestantes, elementos que compõem a elite na sociedade americana. Tais características são marcas de uma sociedade dominadora, que tem nos princípios nacionalistas elementos elitistas e de distinção de classes.

Em um dos episódios de *D.H*, Bree aparece lendo a *Bíblia*, pedindo remissão dos seus pecados, pois seu filho atropelara a mãe de Carlos, Juanita. Ela não aceitava que seu próprio filho, fruto da sua educação cristã e de lençóis sempre limpos, pudesse atropelar uma mulher indefesa, fugir e mentir. O livro que diz que todos nós somos pecadores (como define a narradora no episódio) traz consigo e para quem sempre o tem à mão a imagem de que aquele lar é temente a Deus. Bree chama Rex, pai de Andrew (no momento eles estão separados) para que solucione o problema em questão. Mais uma vez, a cultura da família patriarcal cristã branca é acionada, embora, ao final do episódio, quem soluciona o problema acaba sendo a mulher, na sua função de mãe, que até aceita contrariar seus princípios morais e religiosos para salvar o filho.

Contra o aborto e o casamento homossexual, a sociedade burguesa americana recrimina e foge da presença dos *outsiders*. Os grandes e luxuosos condomínios no subúrbio norte-americano viraram o refúgio contra a poluição vivida nos grandes centros urbanos. Lá não se veem pobres, prostitutas, barulho, enfim, nada do caos das grandes cidades chega ao lugar maravilhoso, onde as casas não têm portão[5]. Isto, na verdade, é uma grande fachada que encobre atos não tão perfeitos quanto seus jardins.

Nos subúrbios de alta classe, *Wisteria Lane* e *Stepford*, os tempos são outros. Modernidade e o "abaixo o preconceito" também são conceitos empregados pelos "vanguardistas" moradores. Eles precisam mostrar para os outros que o povo americano é progressista. Em ambos os cenários existem famílias negras, orientais e latinas. É a transculturalização (cultura híbrida) que insere novos povos em um convívio mais globalizado. Obviamente este é mais um traço de hipocrisia do que de aceitação, pois mesmo sendo "aceitos", o preconceito e a discriminação ainda existem contra esses grupos de minoria, como podemos refletir através desta citação de Hall:

> Para dizer de forma simples: não importa quão diferentes seus membros possam ser em termos de classe,

5 Fala do marido de Joanna ao chegar em *Stepford*: "Não precisamos trancar as portas em *Stepford*. Isso não é bom?".

> gênero ou raça, uma cultura nacional busca unificá-los numa identidade cultural, para representá-los todos como pertencendo à mesma e grande família nacional. Mas seria a identidade nacional uma identidade unificadora desse tipo, uma identidade que anula ou subordina a diferença cultural? (HALL, 2005, p. 59)

Outro traço marcante desta sociedade é a construção da família patriarcal, ou "família nação" (Hall). Ela é a estrutura de tudo. No filme em questão (*S. W*), é o marido quem decide sair da cidade e procurar a paz em um lugar perfeito, praticamente como era o mundo antes dos movimentos revolucionários feministas, da violência, da miséria, etc.

Hall (2005) afirma que essa volta ao passado perdido das culturas nacionais é a busca para tentar purificar os males que assolam as nações, expulsando as ameaças. Isso fica claro no filme. Os maridos, com medo das suas mulheres, cada vez mais independentes, procuram inventar uma forma de voltar no tempo da mulher submissa para reafirmar sua posição de macho e provedor da casa. Os robôs tomam o lugar das esposas, tornando-as naquilo que nunca deveriam ter deixado de ser, aos olhos de seus maridos conservadores: mulheres prontas para o sexo a qualquer hora, que apenas cuidam do lar e dos filhos, cuja única tarefa intelectual é decorar receitas e as marcas dos principais produtos de limpeza. Esta narrativa fílmica retrata, com boa dose de exagero, os temores dos homens frente às modificações das mulheres na sociedade. Isso é o que nos reforça Castells (2000, p. 43)

> Na verdade, a família patriarcal norte-americana está em crise, o que é comprovado por todas as estatísticas sobre divórcio, separação, [...] Há uma reação óbvia da parte dos homens em defesa dos seus privilégios, convenientemente fundamentada na legitimidade divina, uma vez que seu papel cada vez menos significativo como único provedor da família abalou as bases materiais e ideológicas do patriarcalismo.

A representação da família, em que todos são felizes e o pai, depois de se sentar em uma mesa farta de comidas gostosas preparadas pela mãe, sai para encarar o dia de trabalho, está se tornando cada vez mais obsoleta. Muitas vezes quem sai para trabalhar é a mãe, que além de cuidar sozinha dos filhos, não tem tempo nem para comer, quanto mais para sentar-se em uma farta mesa de café da manhã.

Mas os homens de *Stepford*, além de sair após um maravilhoso *breakfast*, ainda entravam em seus belos carros esportivos para ir ao trabalho[6], símbolo de *status* e poder frente aos vizinhos. "A grama era sempre mais verde do outro lado da cerca". Essa é a opinião da Sra. Huber, vizinha de Bree, em *D.H.* Assim como ela, a competição de quem tem a casa maior, o carro mais novo ou o emprego que paga mais, impera na sociedade do consumo pós-moderna capitalista, "legitimando" seus proprietários, em detrimentos dos demais, os excluídos.

A cultura do ter sobre o ser é tão exacerbada, que faz a elite procurar pelos condomínios de luxo mais distantes dos grandes centros urbanos e mais "seguros" para garantir e preservar a família. Essa ascensão social mostra, para o outro, que pode quem tem mais. "Neste caso o consumo de luxo passa a se tornar um elemento diferenciador", e é "responsável por demarcar socialmente as posições na hierarquia do sistema de estratificação social, se transformando de modo crescente em uma forma de expressão do poder." (RETONDAR, 2008, p. 31) Enquanto os homens vão para a "guerra", resta à mulher cuidar da casa e com o tempo que sobra ir às compras. Ela acaba se tornando responsável por 71% das compras efetuadas[7].

Ainda segundo Retondar (2008), o consumo para elas virou forma de entretenimento, modificando até mesmo a decoração das lojas

6 Em uma das cenas iniciais do filme, quando Walter (marido de Joanna) entra para a Associação dos Homens, Sid, ao recebê-lo na frente da casa-sede, fala para o personagem que logo terão que providenciar a troca do seu carro, de uma van em que cabe toda a família para um esportivo de motor arrojado, igual ao de todos que ali estavam.

7 Dado retirado da pesquisa do Ibope, *Consumidores do Século XXI*. Disponível em: www.ibope.com/consumidor. Acesso: 20 nov. de 2008.

de departamento, tornando-as mais próximas de um lar, para passar a ideia de que lá se encontra tudo para uma casa perfeita. A mola do capitalismo é assegurada por donas de casa preocupadas em garantir o melhor para suas famílias. Não é à toa o número de cenas feitas, em ambos os produtos midiáticos estudados, dentro de grandes supermercados. As mulheres empurram seus carrinhos por entre gôndolas, garantindo a boa alimentação da família. Essa identificação tanto ocorre com os personagens femininos caseiros, aos quais se atribuem o arquétipo da rainha do lar (as mulheres de *Stepford* e as personagens Bree e Lynette de *Desperate Housewives*), assim como a mãe solteira (Susan) que por mais atrapalhada que seja, tenta transmitir para a filha os valores da família tradicional, ou as *cosmopolitas* que têm no consumo de luxo e moda não só a ascensão social, mas a garantia de momentos em busca de realização e prazer, como ocorre com a personagem Gabrielle (*D.H.*). Ela ameniza a falta de Carlos, o marido sempre ausente, em *shoppings* e nas várias sacolas de compra que traz para casa. Esta personagem materializa os conceitos citados de consumo de Retondar (2008) quando ostenta em si e na sua casa produtos de luxo, mas, em alguns momentos, demonstra outro lado do consumo, o da busca da felicidade. Lipovetsky (1989) defende esta característica do ato de consumir:

> O consumo, no essencial, não é mais uma atividade regrada pela busca do reconhecimento social; manifesta-se, isso sim, em vista do bem-estar, da funcionalidade, do prazer para si mesmo. O consumo maciçamente deixou de ser uma lógica do tributo estatuário, passando para a ordem do utilitarismo e do privatismo individualista. (LIPOVETSKY, 1989, p. 173)

O *american way of life* foca nos valores identitários do americano nacionalista, cristão, branco, capitalista, cuja mola propulsora de desenvolvimento segue o modelo que os meios de produção e comunicação em massa incentivavam. Não só os produtos midiáticos estudados revelam e demonstram esses padrões, como vários outros filmes, documentários e seriados abordam estas questões. Essa força dominante da cultura americana é tão demonstrada na mídia que tentaram adaptar *Desperate Housewives* à cultura latina, na Argentina e no Brasil; porém, sem sucesso se comparado à grande fama do seriado original nestes países. Com isso, pode-se observar que ainda se prefere assistir a hipocrisia e o lado negro da sociedade vindos da grama verde do vizinho.

O padrão da sociedade norte-americana é destacado nos produtos midiáticos analisados, nos quais podemos observar que as instituições de lei, como o Estado, a família e a religião, ditam o que o indivíduo deve ser e como este deve se comportar para ser aceito e ter prestígio. O certo e o errado devem-se, portanto, à bandeira, ao pai da família e à Bíblia respectivamente, pois a mulher destina-se, apenas, em ser-lhes obediente, sem questionamentos. Embora isto fosse mais empregado à época de *S.W*, em *D.H* também observamos que esses três pilares se mantêm estáveis, porque continuam legitimando grande parte da sociedade norte-americana.

Identidade de resistência: o movimento feminista nos produtos midiáticos

Movimentos de resistência acarretam para a sociedade descentramentos nos sujeitos, uma ruptura na forma das relações sociais e culturais estanques. O indivíduo adquire uma nova ótica, adequando-se melhor às mudanças. Hall (2005) classifica o feminismo como um dos cinco principais descentramentos da sociedade mundial. Surgido na década de 60, tornou-se público o grito calado de diversas mulheres no mundo todo. Elas não só queimaram sutiãs como abalaram as estruturas paternalistas vigentes da cultura ocidental, como nos comenta Hall, em citação sobre o feminismo:

> Ele [o feminismo] abriu, portanto, para a contestação política, arenas inteiramente novas de vida social: a família, a sexualidade, o trabalho doméstico, a divisão doméstica do trabalho, o cuidado com as crianças, etc. [...] O feminismo questionou a noção de que os

> homens e as mulheres eram parte da mesma identidade, a 'Humanidade', substituindo-a pela questão da diferença sexual. (HALL, 2005, p. 45 e 46)

No filme em estudo, Joanna se declara militante do movimento feminista em Nova York, num diálogo com Bobby (moradora de *Stepford* ainda não transformada em robô). Elas tentaram instaurar os ideais feministas na comunidade das mulheres donas de casa perfeitas, obviamente, sem sucesso, culminando na transformação delas também em robôs. Uma visão um pouco pessimista que levantou polêmica na época, mas que já apontava o debate do assunto pelos meios de comunicação.

> É certo que o feminismo trouxe mudanças irreversíveis para o mercado de trabalho, o comportamento sexual e, obviamente, as relações pessoais. Não se tem notícia de uma revolução de costumes tão poderosa e efetiva na história ocidental. Pelo menos nos países desenvolvidos, as conquistas femininas foram reconhecidas tanto na esfera pública quanto na privada. (PINHEIRO e MAXIMILIANO, 2006, p.91)

O feminismo acabou sendo um movimento tão importante para o mundo, pois não só levou à tona as questões relacionadas às mulheres, mas, também, as ligadas aos grupos de minoria de uma forma geral. Uma minoria que é marginalizada e colocada aquém da sociedade, por mais que esta totalize 52% da população[8], como é o caso do total de mulheres no Brasil. Joan Scott nos fala sobre essa luta em favor das "minorias":

> Eu acrescentaria que é devido a diferenciais de poder entre homens e mulheres que as feministas têm-se referido às mulheres como uma minoria, mesmo que elas perfaçam mais da metade da população. Gostaria de acrescentar também – e esse é o ponto-chave – que

8 Segundo dados do último censo do IBGE, no Brasil (2008).

> os eventos que determinam que minorias são minorias o fazem através do status de minoria a algumas qualidades inerentes ao grupo minoritário, como se essas qualidades fossem a razão e também a racionalização de um tratamento desigual. (SCOTT, 2005, p. 18)

Questões de raça, gênero e etnia ainda são tratadas com discriminação, e por isso acabam sendo representadas de forma estereotipada, reforçando ainda mais a sugestão de que essas minorias são pertencentes a classes submissas e menores.

Porém, as práticas feministas acabaram por querer igualar as mulheres aos homens de uma forma exacerbada, masculinizando-as. Isso é bem visível nas roupas que Joanna usa no filme. Antes de chegar a *Stepford*, ela veste calças e blusas de botão, típicas da moda de alfaiataria advindas do guarda-roupa dos homens, enquanto as donas de casa da cidade usavam vestidos longos e rodados. Ainda segundo Scott (2005): "não dá para vencer o inimigo imitando-o, ou tomando para si suas atitudes, mas sim provando que suas características são tão valiosas quanto as dele". Isso pode ser considerado uma perda da identidade feminina, como nos relata Pinheiro e Maximiliano (2006, p.91):

> Outro efeito colateral do feminismo dos anos 60 foi uma certa perda de identidade das mulheres. À medida que buscavam espaço igual ao dos homens, elas começaram a reproduzir posturas tipicamente masculinas. [...] Surgiu recentemente até um termo para definir mulheres que se comportam sexualmente como homens: 'predadoras'. Assim são chamadas as que agem como os machistas de antigamente, contabilizando como feitos dignos de menção pública suas aventuras amorosas.

Isso acaba acarretando disputas territoriais incessantes entre homens e mulheres. Quem tem mais poder? Quem é melhor? Qual melhor profissional? Deve-se valer do instinto da mulher nos negócios, aproveitando suas qualidades perceptivas ou deve-se privilegiar o poder racional do homem? Esses questionamentos sobre a relação entre os gêneros influenciam na maneira pela qual essa mulher quer ser vista perante a sociedade. Um dos grandes causadores dessa modificação foi a relação do trabalho, segundo Lipovetsky (2000):

> [...] na medida em que os valores individualistas-competitivos-meritocráticos são estendidos às mulheres, ei-las de agora em diante em concorrência aberta com os homens e entregues ao imperativo de provar seu valor profissional, de ganhar o reconhecimento social pelas "obras", de construir seu lugar e sua identidade profissional da mesma maneira que os homens. (LIPOVETSKY, 2000, p. 224)

O tema "guerra dos sexos" também foi colocado em *D.H.* Houve a retomada e logo depois a quebra da família patriarcal na casa dos Scavo. Lynette, após ter filhos, acata a ideia de seu marido e passa a ser apenas dona de casa e mãe. Porém, com o acúmulo das tarefas domésticas e seus quatro filhos "pestinhas", se sente frustrada em não conseguir cumprir este novo papel. Ama os filhos, porém não se sente realizada apenas com esta atribuição, na qual não se vê tão bem quanto no seu papel de mulher de negócios. Tom, o marido, após problemas no trabalho, propõe inverter a situação. Ele, portanto, passa a cuidar do lar, enquanto Lynette volta ao mercado de trabalho. O que ele não previa é que, logo adiante, com os meninos mais crescidos, ele também voltasse a trabalhar profissionalmente, porém como subordinado de sua própria mulher. Segundo Pires (2003), o crescimento dos movimentos de libertação das mulheres na Europa e nas Américas modificou o panorama ocidental pós-industrial das relações de gênero. Isto se deve pela integração dos movimentos de reivindicação social em sua luta por igualdade, cidadania e emancipação, aliado ao ingresso no mercado de trabalho.

Essa ruptura proposta nos faz pensar que os valores da família patriarcal começam a não existir mais. As famílias se modificam conforme suas necessidades financeiras. Os papéis dos gêneros na sociedade são realinhados e surgem novas formas de se identificar a mulher que, hoje, consegue, com menos dificuldade que nos anos 60, estar no mercado de trabalho, ser independente e atuar, menos timidamente, no mundo político. Muitos valores, entretanto, ainda não foram alcançados, por mais que se tenha lutado em prol do feminino.

Identidade de projeto: a nova mulher e seus papéis na sociedade de consumo globalizada

A antológica formulação de Simone de Beauvoir (1970, p. 7): "Sejam mulheres, permaneçam mulheres, tornem-se mulheres", ainda nos ajuda a definir que mulher é quem desempenha o papel social referente ao que a cultura da época julga ser melhor. Essa noção de identidade cultural é que propõe o que é esperado dos papéis de cada gênero.

A mulher de *Stepford* representa o perfil padrão que era referência feminina na década de 60. Era inadmissível, à época, uma mulher, até mesmo de classes sociais mais abonadas, não saber cozinhar ou não gerenciar as atividades domésticas no lar.

> A dona de casa dos subúrbios tornou-se a concretização do sonho da americana e a inveja, dizia-se, de suas congêneres do mundo inteiro. A dona de casa americana, libertada pela ciência dos perigos do parto, das doenças de suas avós e das tarefas domésticas, era sadia, bonita, educada e dedicava-se exclusivamente ao marido, aos filhos e ao lar, encontrando assim sua verdadeira realização feminina. Dona de casa e mãe era respeitada como companheira no mesmo plano que o marido. Tinha liberdade de escolher automóveis, roupas, utensílios, supermercados e possuía tudo o que a mulher jamais sonhou. (FRIEDAN, 1971 p. 19)

Não é por acaso que as capas das principais revistas femininas, do século XXI, são voltadas ao cuidado com a beleza, com a estética e sexualidade. Pouco se debate, por exemplo, em relação ao desnível do salário das mulheres e dos homens, que ainda existe nos dias atuais. "Nos Estados Unidos, elas ganham 25% a menos do que os homens na mesma atividade profissional. No Brasil, 30%." (PINHEIRO e MAXIMILIANO, 2006, p. 93)

Mesmo assim, a mulher, das camadas médias da população, adquiriu sua independência financeira, com a entrada no mercado de trabalho, e se torna, cada vez mais, símbolo do consumo, principalmente, da indústria da moda. Se antes ela era entendida como "a responsável pela boa alimentação do lar", agora, ela se preocupa com o traço vulnerável da beleza e da busca pela representação do perfeito, como sugere Touraine (2007, p. 49):

> A nova dominação, como o movimento de afirmação das mulheres, é de orientação individualista, mas é esta dominação que transforma a mulher em consumidora, tornada mais vulnerável ainda por sua liberação provocada pela independência financeira que lhe abre outros horizontes, maiores que o casamento e a maternidade.

Segundo ainda este autor, uma parcela crescente da publicidade recorre ao tema da mulher "liberada" para seduzir e agradar. O fato é que elas detêm, hoje, 80% das decisões de compra[9] e sempre estão à frente das novas tecnologias e lançamentos de produtos. Por isso, grandes marcas foram forçadas a reavaliar a comunicação e as estratégias de *marketing* feitas para esse segmento de público.

> Aliás, se o assunto são compras, o poder é das mulheres. Para dimensionar o tamanho desse poderio econômico, basta lembrar que as mulheres no Brasil possuem 46% dos cartões de crédito, escolhem 95%

9 Dado levantando numa pesquisa realizada no ano de 2004 e que tinha como título: *Miss Understood*. A pesquisa foi feita com 180 mulheres de vários países e objetivava entender como era a relação do público feminino com a propaganda. Disponível em: www.leoburnett.com/missunderstood. Acesso: 20 nov. 2008.

> das marcas de alimentos e quase 100% dos produtos de limpeza para a casa. Estudo realizado pelo Grupo NPD em 51 mil lares norte-americanos, e divulgado pela Reuters em janeiro de 2006, mostra que são as mulheres que tomam a maior parte das decisões sobre as compras e o lazer da família. (MELO e SANEMATSU, 2006, p. 77)

O ponto a se observar é se estas mulheres estão satisfeitas com suas conquistas, tendo em vista a falta de liberdade e a desigualdade de direitos de décadas atrás. Será que hoje elas não se sentem ainda mais injustiçadas com a sobreposição de papéis, a famosa "jornada tripla de trabalho"? O quanto elas ainda não são representadas por antigos estigmas? É a questão que se coloca quando nos deparamos com a estratégia de *marketing* das caixas de DVD da primeira temporada da série *Desperate Housewives*: o brinde de um avental. Se, por um lado, o seriado mostra mulheres inovadoras, como Lynette, por outro, o *marketing* propõe a volta desta mulher para seu papel mais tradicional, mais legitimador: o de dona de casa.

Promoção para vender DVD

Felizmente, já existem alguns projetos que engajam novos debates acerca das necessidades atuais da mulher, porém, em quantidade insuficiente e fechados à maioria, como, por exemplo, o *85 Broads*[10],

10 In: VALLERIO, C. 2009.

com sede nos EUA e filiais em vários países. No Brasil, este grupo é formado por executivas líderes de mercado, que falam fluentemente o inglês e são formadas por grandes universidades. O princípio é a ajuda mútua, pois elas trocam informações e conhecimentos, assim como indicações de vagas para presidências e chefias de corporações multinacionais, cargos que, geralmente, seriam preenchidos por homens.

Considerações finais

Como vimos, desde os anos 70 até o início dos anos 2000, a identidade feminina sofreu alterações significativas, o que certamente tem influenciado a representação das mulheres nos meios de comunicação de massa. As pessoas assistem ao que chama a atenção delas, seja por identificação com as situações vivenciadas pelas personagens, seja para mostrar novas possibilidades e as consequências para quem assumiu novas funções. Nos produtos midiáticos *The Stepford Wives* e *Desperate Housewives* pode-se observar uma grande diferença na forma como é retratada a mulher e seus papéis na sociedade. Enquanto no primeiro as mulheres ainda lutavam pela sua independência e direitos de igualdade, no segundo, elas estão preocupadas em como dar conta de todas as funções que exercem e, ainda assim, continuarem belas e felizes. Reconhecemos, em ambos produtos midiáticos, o que Castells categorizou como "identidade legitimadora" e de "resistência", mas o de "projeto", isto é, o que de fato modifica o dia a dia da sociedade, praticamente não se fez presente, sendo mais abordado apenas no filme.

Não negamos que a independência da mulher é um dos pontos positivos que o feminismo trouxe para a sociedade pós-moderna. Mas, ao mesmo tempo, a mulher de hoje não deve esquecer que os processos de identidade são mutantes e, por isso, devem procurar acompanhar as mudanças sociais e culturais que vão se instaurando. Outras lutas que o feminismo não alcançou acabam esquecidas e as mulheres, que se preocupam tanto em individualizar e travar guerras próprias, deixam de lado necessárias batalhas coletivas. Eis aí um traço da pós-modernidade: um individualismo exacerbado, que deve ser amenizado em prol de uma busca no reconhecimento público de seus importantes papéis.

Liberdade com seu corpo, aborto, salários iguais para homens e mulheres com a mesma função, maior entrada na vida política, entre outras, são causas que ainda estão para serem alcançadas pelas mulheres pós-modernas, e a adesão de mais projetos ligados a essas causas se faz necessária.

Assim como Joanna, Susan não sabe cozinhar e mantém a casa em desordem, o que para as personagens Carol Van Sant e Bree é inadmissível para qualquer mulher. Isso demonstra que, apesar de termos caminhado 30 anos, alguns preconceitos ainda existem e isto não é culpa apenas do *delay* midiático, mas, também, dos valores que a sociedade pós-moderna ainda carrega. Podemos voltar a queimar sutiãs, ou deixar de colocar tanto silicone, o fato é que ideais coletivos devem ser mais valorizados no dia a dia desesperador das mulheres do mundo inteiro, evitando, assim, que apenas sejam representadas através de estereótipos – midiáticos ou não.

REFERÊNCIAS

BEAUVOIR, S. *O segundo sexo*. 4. ed. São Paulo: Difusão Européia do Livro, 1970.

CASTELLS, M. *O poder da identidade*. Rio de Janeiro: Paz e Terra, 2000.

FRIEDAN, B. *Mística Feminina*. Petrópolis: Vozes, 1971.

HALL, S. *Identidade cultural na pós-modernidade*. 10. ed. Rio de Janeiro: DP&A, 2005.

LIPOVETSKY, G. *O império do efêmero*. São Paulo: Companhia das Letras, 1989.

____________. *A terceira mulher*. São Paulo: Companhia das Letras, 2000.

MELO, J. & SANEMATSU, M. Fragmentos da mulher na publicidade: um corpo sem cabeça e sem alma. *Revista Democracia Viva*, nº 31, abr.-jun./2006, p. 76-81.

PINHEIRO, D. & MAXIMILIANO, A. O feminismo na crise dos 40. *Revista Veja*, maio 2006, p. 91-95. Edição Especial Mulher.

PIRES, V. L. A identidade do sujeito feminino: uma leitura das desigualdades. In: GHILARDI-LUCENA, M. I. (org.). *Representações do feminino*. Campinas-São Paulo: Átomo, 2003. p. 201-213.

RETONDAR, A. M. *Sociedade de consumo, modernidade e globalização*. São Paulo: Annablume, 2008.

SCOTT, J. W. O enigma da igualdade. *Revista Estudos Feministas*, Florianópolis, nº 216, jan.-abr./2005, p. 11-30.

TOURAINE, A. *O mundo das mulheres*. Petrópolis: Vozes, 2007.

VALLERIO, C. O salto quantitativo, *O Estado de São Paulo*, São Paulo, 31 maio 2009, Suplemento Feminino, p. 14.

Da tela do cinema à tela dos computadores: a gradativa representação indígena na mídia brasileira

Sidnei Marciano Pereira

Mestre em Comunicação pela Universidade Paulista (UNIP). Jornalista e bacharel em Publicidade e Propaganda pela Universidade Braz Cubas (UBC). Pesquisador do Grupo de Pesquisa "Mídia, Cultura e Política: identidades, representações e configurações do público e do privado no discurso midiático", cadastrado no CNPq.

A expressão genérica "povos indígenas" refere-se a grupos humanos espalhados por todo o mundo, e que são bastante diferentes entre si. Apenas no Brasil há mais de 200 etnias e 170 línguas indígenas ainda faladas[1].

O que todos os povos indígenas têm em comum? Antes de tudo, o fato de cada qual se identificar como coletividade específica, distinta de outras com as quais convive e, principalmente, do conjunto da sociedade do país onde está. Genericamente, os povos indígenas que vivem não apenas em nosso país, mas em todo o continente americano, também são chamados de *índios*. Essa palavra é fruto do equívoco histórico dos primeiros colonizadores que, tendo chegado às Américas, julgaram estar na Índia. Apesar do erro, o uso continuado, até mesmo por parte dos próprios índios, faz da palavra, no Brasil de hoje, um sinônimo de indivíduo, pessoa indígena.

Do ponto de vista de quem já vivia num determinado território, os processos históricos de colonização e de constituição de novos países foram extremamente violentos: extinção de povos inteiros, dizimação demográfica, tomada de terras, comprometimento dos meios tradicionais de sobrevivência física e cultural.

No atual contexto de expansão da mídia[2] no Brasil, o desafio que se coloca aos índios é garantir-lhes espaço nestes novos canais para que eles exponham a sua opinião em relação ao processo histórico de colonização. Possivelmente, se o índio tiver acesso às novas mídias – TV digital e internet –, não só explicitará seu ponto de vista como também lutará contra a visão exótica que a mídia tradicional tem dos povos indígenas.

Os povos indígenas são impelidos a se adaptar à sociedade dos homens brancos, principalmente com a expansão das cidades até os limites de suas aldeias. Essa adaptação não é apenas prejudicial, como pode parecer. Ela pode gerar novas maneiras de se representar o índio na mídia brasileira, culminando com a representação do índio pelo próprio índio.

1 Segundo informações do Instituto Socioambiental (ISA), disponível em: www.socioambiental. org. Acesso: 5 mar. 2009

2 Mídia, neste texto, é todo meio de comunicação seja cinema, televisão, internet, jornal, revista etc.

Inspirado nos termos "índio primitivo", "índio documentado", "índio patriótico" e "índio tecnizado"[3], citados no livro *Brasil: uma identidade em construção*, que examina as representações cinematográficas dos povos indígenas no Brasil, traço um paralelo entre o cinema e as primeiras representações virtuais dos índios na rede mundial de computadores, a internet, através do *site* "Índios Online".

Da tela do cinema à tela dos computadores: a gradativa representação indígena na mídia brasileira

Os índios, apesar de terem tido sua cultura vilipendiada em diversas regiões do mundo, ganharam notoriedade no cinema brasileiro, ao longo de várias décadas, como veremos a seguir.

O cinema mudo, na década de 1910, exaltou o índio na ficção, enquanto na realidade era dizimado, como lembra Robert Stam:

> O cinema mudo enalteceu o índio como um "bravo guerreiro", ingenuamente bom, fonte profunda de espiritualidade e símbolo da nacionalidade brasileira. A exaltação, porém, referia-se justamente ao grupo étnico que era vitimado por um processo de genocídio, tanto físico como cultural. Enquanto o índio verdadeiro era aniquilado, marginalizado ou extinto pela miscigenação (In: LAUERHASS JR e NAVA, 2007, p. 169)

Em "Os sertões de Mato Grosso" (1916), o diretor Tomás Luís Reis retrata aquilo que chamou "a pacificação de numerosas tribos indígenas encontradas em estado primitivo, vivendo na Idade da Pedra"[4]. Já em "Ao redor do Brasil" (filmado entre 1924 e 1930)

3 "Índio documentado", "índio patriótico" e "índio tecnizado" são categorias utilizadas por Robert Stam, em seu texto "Imagens cinematográficas dos índios brasileiros", e foram aplicados neste artigo graças à clareza que oferecem aos estudiosos da imagem do índio na mídia audiovisual.

4 Citado em RAMOS, Fernão. *História do cinema brasileiro*. São Paulo: Arte Editora, 1987, p. 74. Trechos de alguns de seus filmes constam do documentário *Yndio do Brasil* (1995), de Sylvio Back.

documenta a flora, a fauna e práticas sociais da região, em geral mostrando indígenas de frente para a câmara ou de perfil, como se os estivesse catalogando, o que explica os termos "índio documentado" e "índio primitivo", do já citado Robert Stam.

O índio documentado dos primórdios do cinema, apresentado nos filmes a que acabamos de nos referir, estava sempre seminu e em atividade, enquanto homens brancos, que apenas os observavam, usavam ternos, sugerindo, assim, ao espectador, a enorme diferença entre a "evolução" do homem "civilizado" que se veste de forma elegante e não realiza trabalhos manuais, e o "primitivismo" do índio que, além de seminu, desenvolve tarefas agrícolas ou festivas: moer milho, lançar flechas ou dançar. Tal representação do índio pelo branco manifesta a maneira como o segundo entendia o primeiro: um ser exótico e inferior à sua cultura europeia.

No final da década de 30, o índio primitivo mostrado nos documentários é elevado à categoria de índio patriótico, isto é, aquele que aceita passivamente ser colonizado, que cede suas terras para a criação de uma grande pátria chamada Brasil na qual poderiam participar, desde que aceitassem ser catapultados do "barbarismo" para o estágio de desenvolvimento alcançado pelo homem branco, como pregavam as atividades da Comissão Rondon e como sugere o filme citado logo abaixo.

Neste período patriótico, destaca-se o filme "O descobrimento do Brasil" (1937), de Humberto Mauro, patrocinado pelo Instituto do Cacau da Bahia (ICB), poderosa organização de latifundiários. O filme mostra os atores imitando índios, aplaudindo o que teria sido uma cerimônia estrangeira de transferência das terras indígenas aos europeus.

> O descobrimento apresenta a versão "oficial" do encontro entre o europeu e o índio [...] Suas genuflexões traduzem, em representação audiovisual, uma fantasia dos conquistadores: a de que a leitura de um documento numa língua européia inacessível aos nativos poderia significar uma legítima transferência da

> propriedade da terra. Em suma, os índios eram candidatos ideais à disciplina européia, à cristianização e à desapropriação. (STAM, Robert. In: LAUERHASS JR e NAVA, 2007 p.173)

O filme revela que os índios eram candidatos ideais para serem enganados, como ainda acontece nos dias de hoje. O governo brasileiro adotou esta versão do filme como sendo a versão oficial dos fatos, já que relegou os índios à própria sorte ou má sorte dos órgãos do governo, como a Fundação Nacional de Saúde, Funasa, responsável pela saúde indígena, sempre alvo de denúncias. É o que revela a reportagem publicada no jornal *O Estado de São Paulo*, em 07 de maio de 2009:

> Disputa de poder: Nas disputas entre partidos, a Funasa sempre é cobiçada. Além do orçamento para 2009 de R$ 4.000.000.000,00 (Quatro bilhões de reais), tem independência administrativa. As ramificações em todo o País dão margem para negociações de cargos, permitindo várias composições. A Funasa freqüenta relatórios de investigação da Controladoria Geral da União, do Tribunal de Contas da União e da Polícia Federal. Em novembro do ano passado, o ministro da Saúde, José Gomes Temporão, chamou a Funasa, presidida por Danilo Forte, de corrupta e destacou a "baixa qualidade" nos serviços prestados. (ARRUDA e FORMENTI. In: O ESTADO DE S. PAULO, Caderno Nacional, p. A8)

Os órgãos do governo, por um lado, desejam emancipar os índios, afirmando que eles não são mais crianças que necessitam de proteção, mas, por outro, embora permitam que os povos indígenas residam em terras demarcadas, acreditam que os índios não mereçam ter o domínio efetivo sobre as mesmas.

Desde o descobrimento os índios são prejudicados, pois muitas vezes suas reivindicações e opiniões não eram apresentadas corretamente nas versões produzidas pelos não índios; mas isso começou a mudar a partir da década de 80, quando os índios puderam ser representados exclusivamente por si mesmos, sem atores contratados, pois o vídeo chega nas aldeias, configurando aquilo que Oswald de Andrade chamou de o "índio tecnizado", isto é: o uso da tecnologia audiovisual para fins culturais e políticos utilizada e elaborada por povos indígenas.

> O mais significativo desdobramento recente dessa tendência é a emergência de uma "mídia indígena" - isto é, o uso da tecnologia audiovisual (câmeras de vídeo, aparelhos de videocassete etc.) para fins culturais e políticos mantidos por povos indígenas. O Centro de Trabalho Indigenista (CTI), de São Paulo, por exemplo, tem atuado em colaboração com tribos deste 1979, ensinando produção de vídeo e edição, disponibilizando tecnologias para reforçar a proteção das reservas indígenas. (STAM, Robert. In: LAUERHASS JR, Ludwig e NAVA, Carmen, 2007, p .183)

Entre os grupos indígenas mais versados em mídia estão os caiapó, povo de língua Jê do Brasil central, que vive em 14 agrupamentos espalhados num território com tamanho equivalente ao da Grã-Bretanha (STAM, Robert. In: LAUERHASS e NAVA, 2007, p. 184).

Em 1987, ao receber uma equipe da Granada Television, que pretendia filmá-los, os caiapó exigiram, em troca de sua colaboração, câmeras de vídeo, aparelhos de videocassete, monitores e fitas de vídeo. Quando receberam o aparato tecnológico para fazer seus filmes, convocaram três cinegrafistas independentes para treiná-los e, juntos, criaram o filme *Taking aim: a apropriação cultural e política da tecnologia do vídeo pelos caiapó.*

> Os caiapó usaram vídeo para gravar cerimônias tradicionais, manifestações públicas e encontros com

> brancos (a fim de obter o equivalente a uma transcrição legal). As imagens, bastante divulgadas pela *Time* e pela *New York Times Magazine*, dos caiapó manejando câmeras têm um poder de chocar que vem da ideia de que os índios são "exóticos" ou "alocrônicos: Índios de verdade não carregam câmeras de vídeo". (LAUERHASS JR, Ludwig e NAVA, Carmen, 2007, p .184)

Mesmo assim, os programas e canais de televisão do Brasil não se interessaram pela produção feita pelos próprios índios; apenas a TV Cultura abriu espaço semanal para a exibição dessas imagens, através de um programa independente, chamado A'Uwe[5], apresentado pelo ator global Marcos Palmeira.

Em virtude da dificuldade de as emissoras tradicionais veicularem os programas feitos pelos indígenas, o desafio que se coloca aos índios atualmente é garantir-lhes espaço nas novas mídias, em franca expansão em nosso país, como a internet, onde alguns índios brasileiros já arriscam dar os primeiros passos, como veremos a seguir.

Caminho das Índias na internet

Iniciei a pesquisa na internet por um *site*[6] de busca, digitando a palavra "índio". Ativando a opção "somente páginas em português", surge na tela o *link*[7] para vários *sites* de temática indígena como: museu do índio, dia do índio, índios do Brasil, Funai, Comissão Pró-Índio de São Paulo e Estatuto do Índio – Povos indígenas no Brasil.

5 Programa A'Uwe, apresentado desde 2008 na TV Cultura, todos os domingos às 18 horas.

6 Local na internet identificado por um *nome de domínio*, constituído por uma ou mais páginas de hipertexto, que podem conter textos, gráficos e informações em multimídia

7 Elemento de hipermídia formado por um trecho de texto em destaque ou por um elemento gráfico que, ao ser acionado, provoca a exibição de novo hiperdocumento.

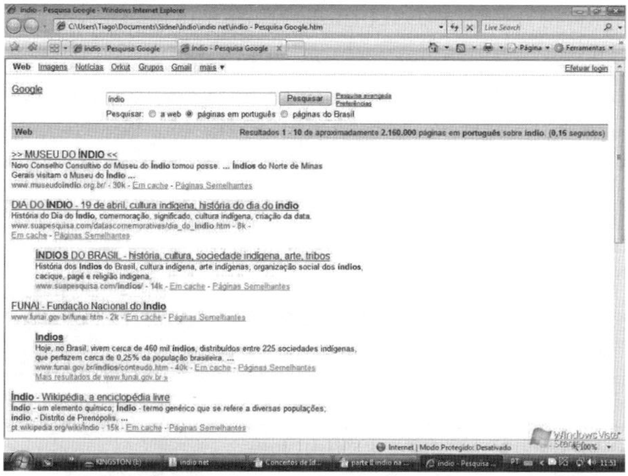

Pesquisa sobre o índio em *site* de busca em 5 de março de 2009

Explorei *site* a *site*, naveguei texto a texto para tentar descobrir o caminho dos índios no século XXI. Nessa viagem, que muito me lembra a de Pedro Álvares Cabral procurando o caminho das Índias, só que agora singrando os mares sem fim da internet, descobri belas fotos sobre os povos indígenas e informações resgatadas por pesquisadores e/ou simpatizantes indígenas.

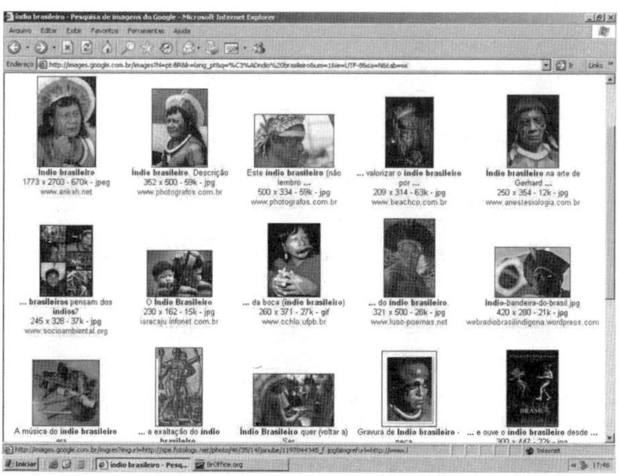

Imagem do índio na internet em 5 de março de 2009

O objetivo, neste momento, ao explorar a internet, não é analisar as imagens sedutoras produzidas por pesquisadores, fotógrafos profissionais ou simpatizantes, como mostra a imagem anterior, mas localizar *sites* produzidos pelos próprios índios. Por isso, continuei a desbravar esta selva imensa, formada por *bits*[8] e *bytes*[9], que é a rede mundial de computadores, até que finalmente surgiu uma clareira, o *site* www.indiosonline.org.br.

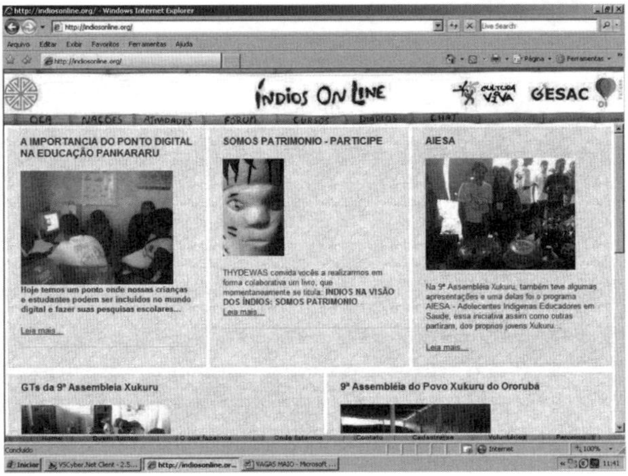

Imagem reproduzida da página inicial do *site* Índios Online, 5 de maio de 2009

Índios Online: como tudo começou

Na parte superior do *site* Índios Online, imagem acima, há à esquerda o logotipo da idealizadora do *site*, a organização não-governamental Thydêwá[10], composta por índios e não índios, e, à direita, os logotipos dos parceiros, Cultura Viva[11]; Gesac[12] e

8 Menor parcela de informação processada por um computador.

9 Conjunto de *bits* adjacentes, geralmente constituído por oito *bits*, que forma a unidade de informação, usada para representar um caractere no computador.

10 Na língua pankararu thydêwá significa "esperança da terra".

11 Cultura Viva, programa do Ministério da Cultura. Ver http://www.cultura.gov.br/cultura_viva/.

12 Governo Eletrônico – Serviço de Atendimento ao Cidadão (Gesac), programa do Ministério da Comunicação. Ver http://www.mc.gov.br/inclusao-digital/gesac.

Oi Futuro[13], os quais ajudam a entender como o *site* foi criado e se mantém.

A ideia do *site* se desenvolveu depois da experiência da ONG Thydêwá, na publicação de uma série de livros intitulada "Índios na visão dos índios", com textos, fotografias e desenhos feitos de forma colaborativa com as comunidades indígenas kiriri, tumbalalá, tupinambá e pataxó-hãhãhãe (Bahia), xucuru-kariri e kariri-xocó (Alagoas) e pankararu (Pernambuco).

Em abril de 2004, a ideia de conectar as aldeias se concretizou no projeto batizado "Rede Índios Online", que, com o apoio do governo do Estado da Bahia e do governo federal, permitiu financiar computadores, máquinas fotográficas digitais, antenas de conexão via satélite *Star One* e a instalação do portal[14] indígena na internet, no endereço eletrônico www.indiosonline.org.br.

Com o respectivo apoio da Unesco[15], foram eleitos dois representantes das tribos participantes, citadas acima, para a primeira oficina de qualificação, orientação para o uso do computador, dicas sobre navegabilidade, imagem, texto e edição para *sites*, realizada na Bahia, sede da ONG Thydêwá.

Dois anos depois, em 2006, o Ministério da Cultura (MinC) iniciou o apoio ao projeto "Rede Índios Online", com a instalação de pontos de internet por meio do Programa Cultura Viva, os chamados Pontos de Cultura[16], que agregam agentes culturais que articulam e impulsionam um conjunto de ações em suas comunidades.

---

13 Instituto Oi Futuro, programa Novos Brasis. Ver http://www.oifuturo.org.br/oifuturo.htm#/novosbrasis/default.asp.

14 *Site* na internet que oferece grande variedade de serviços, tais como dispositivos de busca, informações gerais e temáticas, foros de discussão e outros.

15 Sigla de Organização das Nações Unidas para Educação, Ciência e Cultura. Ver http://www.brasilia.unesco.org/.

16 Iniciativas desenvolvidas por sociedades civis, que firmaram convênio com o Ministério da Cultura (MinC), por meio de seleção de editais públicos. Os Pontos de Cultura ficam responsáveis por articular e impulsionar as ações que já existem nas comunidades. Atualmente, existem mais de 650 Pontos de Cultura espalhados pelo país.

Foram criadas, também, parcerias com o Ministério da Comunicação, responsável por manter a conexão de alta velocidade, pelo Programa Gesac[17] (Governo Eletrônico – Serviço de Atendimento ao Cidadão) e com o Ministério do Trabalho e Emprego, que seleciona até 50 jovens das comunidades, de 16 a 24 anos, os quais recebem bolsa de R$ 150 por mês, por um semestre, para participarem de cursos de capacitação em alguma manifestação cultural da região em que moram.

Em agosto de 2006, a partir do Programa "Novos Brasis"[18], do Instituto Oi Futuro, a Rede Índios Online enveredou por nova fase, chamada "Arco Digital", que passou a oferecer cursos de aprendizagem colaborativa para qualquer índio brasileiro por meio da educação à distância, com o apoio da Universidade Federal da Bahia (UFBA). Conheceremos o Arco Digital, a seguir, na análise do *site*.

Análise do *site* Índios Online

Estava com a análise do *site* completa, quando ocorreu a alteração visual do Índios Online, em 7 de agosto de 2009. Após cinco anos de existência, foi a primeira vez que houve reformulação total. O Índios Online recebeu nova roupagem e recursos multimidiáticos, como a coluna de vídeos na capa e figuras e sons no chat. Por isso utilizarei a mudança para traçar um paralelo do antes e depois da reformulação, fazendo jus ao título deste livro *Representações em trânsito: personagens e lugares na cultura midiática*, o qual se torna um precioso registro material do trânsito de representações culturais que são substituídas ou modificadas de tempos em tempos.

17 Presente em comunidades com baixo índice de desenvolvimento humano, o Programa Gesac, Ministério da Comunicação, fornece conexão à internet em alta velocidade e via satélite, e já atende a 4 milhões de pessoas em 3.200 pontos de presença espalhados pelo país. Dos pontos de presença, 75% ou 2.400, estão instalados em escolas municipais e estaduais, 400 em postos militares, 100 no Programa Fome Zero e 300 em associações, sindicatos, organizações não governamentais (ONGs) e telecentros.

18 Programa Novos Brasis. Ver http://www.oifuturo.org.br/oifuturo.htm#/novosbrasis/default.asp.

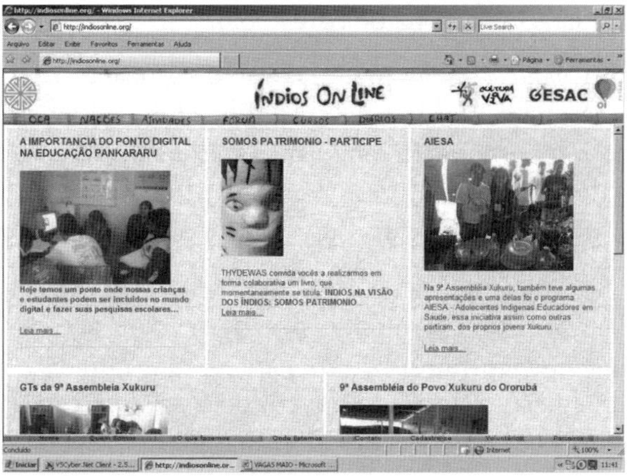

Imagem reproduzida a partir do antigo item Oca, *site* Índios Online, 5 de maio de 2009

Na parte superior do antigo *site* Índios Online estava o menu principal, em forma de bambu, na horizontal, com os *links* Oca, Nações, Atividades, Fórum, Cursos, Diários e *Chat*, descritos a seguir:

OCA: página principal na qual eram publicadas as reportagens.

NAÇÕES: mostrava o mapa da região Nordeste do Brasil com os *links* das sete primeiras tribos participantes: kariri-xocó e xucuru-kariri, de Alagoas; pankararu, de Pernambuco; kiriri, tupinambá, tumbalalá e pataxó hã-hã-hãe, da Bahia.

ATIVIDADES: disponibilizava atividades realizadas pelos membros do Índios Online.

FÓRUM: funcionava somente para membros das tribos participantes, utilizado para trocar ideias e debates sobre futuras ações do *site.*

CURSOS: dava acesso à página Arco Digital – Comunidade Colaborativa de Aprendizagem, restrita aos alunos indígenas cadastrados, por meio de *login* e senha.

DIÁRIOS: local que reunia todas as matérias publicadas diariamente e dava acesso a uma ferramenta de busca para pesquisar reportagens no *site.*

CHAT: dá acesso à sala de bate-papo.

Na nova *home page* as matérias estão dispostas à esquerda e a novidade fica por conta dos vídeos publicados à direita. O *site*, que começou com hipertexto, se moderniza e agora oferece espaço para a publicação de vídeos amadores na página principal, produzidos com máquinas fotográficas digitais ou celulares, que ilustram e enriquecem as reportagens.

Na última coluna, à direita, fica o *login* de acesso disponível àqueles que possuem autorização para publicar matérias, anúncio para os índios participarem do *site* também *off-line*, cadastrando seu e-mail para receber informações diretamente na caixa de mensagens do correio eletrônico. Por fim, o item Nações, o qual ofereceria o *link* para reportagens de diversas nações indígenas, como pankararu, tupinambá, etc., mas que no momento só oferece a opção Geral, assunto que abordaremos mais adiante, na análise do novo item, Mapa.

Imagem reproduzida a partir do novo item Oca, *site* Índios Online, em 7 de agosto de 2009

O menu principal permanece na parte superior do *site* com os novos *links*: Oca, Mapa, Arquivos, *Chat*, Quem somos, Participe, Contato e Buscar, descritos a seguir:

OCA e *CHAT*: descritos anteriormente.

MAPA e ARQUIVOS: mudaram os respectivos nomes para Nações e Diários, mas mantiveram-se as funções descritas. Comentaremos sobre estes itens no decorrer da análise.

QUEM SOMOS: apresenta o *site* com o seguinte texto: "ÍNDIOS ON LINE é um canal de diálogo, encontro e troca. Um portal de diálogo intercultural, que valoriza a diversidade, facilitando a informação e a comunicação para sete nações indígenas".

PARTICIPE: dá acesso ao cadastro para se tornar voluntário em atividades indígenas.

CONTATO: envia comentários e sugestões diretamente para os administradores do *site*.

BUSCAR: ferramenta de busca utilizada para localizar reportagens ou temas específicos abordados nas matérias publicadas no site.

Segundo informações apresentadas no *site* Índios Online, este é produzido e atualizado pelos próprios índios, com textos, fotos e vídeos, além de um *chat*[19] que permite o diálogo entre os índios e qualquer usuário da internet, bastando se cadastrar.

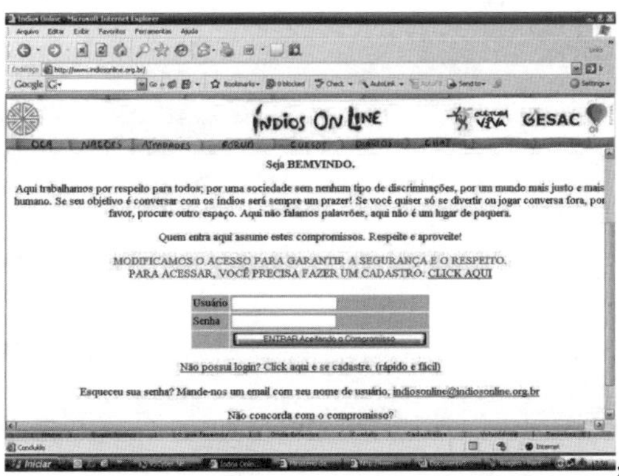

,

Imagem reproduzida da antiga página inicial do *chat*, em 28 de março de 2009

19 Forma de comunicação à distância, utilizando computadores ligados à internet, na qual o que se digita no teclado de um deles aparece em tempo real no monitor de todos os participantes do bate-papo.

No *chat*, os erros ortográficos ficam em segundo plano. "O que nós queremos é saber como anda a vida em outras nações, contar um pouco da história de cada um de nós" e continua, "não adianta falar corretamente o português e, em seguida, destruir o nosso passado, a nossa história, como os 'brancos' fazem", disse a índia tupinambá Maria José Amaral, 43, em entrevista[20].

Os indígenas, que tradicionalmente têm cultura oral, estão rompendo barreiras na internet, cujo meio é escrito e audiovisual, utilizando a escrita e a tecnologia para fortalecer e projetar sua cultura, além de facilitar a comunicação entre as aldeias distantes que participam do *site*.

Com a reformulação do *site*, o *chat* chegou a ficar dois meses fora do ar. Os organizadores falavam do novo visual e os comentários elogiavam as mudanças; mas ninguém questionou o porquê de o *chat* não estar funcionando.

Imagem reproduzida da página inicial do *chat* fora do ar, em 7 de agosto de 2009

20 FRANCISCO, Luiz. Portal indígena critica ação de "brancos". Folha de S. Paulo, Salvador/BA, 28 abr. 2004. Disponílvel em: http://www1.folha.uol.com.br/folha/informatica/ult124u15817.shtml Acesso: 24 set. 2008.

Em 10 de outubro foi publicada a matéria abaixo, avisando os usuários que o *chat* estava de volta, como se constata a seguir.

> Olha o chat na área pessoal!!!!!!!!!
>
> Pessoal, o nosso chat Indiosonline já está disponivel!!!!!!!! Então a galera que gosta de bater um papo, conhecer novas outras culturas, trocar experiências, conhecer outras realidades, acesse nosso chat!!!!!!!!! Vamos lá botar este chat para bombar!!!!!!!! Espero vocês!!!!!!!!!!! (Índios Online, reportagem *Olha o chat na área pessoal*. Acesso: 10 out. 2009)

A matéria acima parece mais um convite "gritado" por um jovem branco, carregado de pontos de exclamação, numa tentativa de passar felicidade pela notícia, além do excesso de gírias, como "galera", "pessoal", "botar para bombar", o que caracteriza um texto mais voltado a jovens metropolitanos do que a índios e suas aldeias. Isso pode ter contribuído para que muitos índios, principalmente os mais velhos, deixassem de frequentar o *chat*, como se verá a seguir.

Página principal com o novo local de acesso ao *chat*, em 10 de outubro de 2009

Para acessar, a necessidade de se cadastrar permanece, mas o *chat* está com novos recursos, como colocar os *emoticons* (figuras expressando emoções), textos com cor e tamanho de letras diferentes e efeitos sonoros para chamar a atenção na sala de bate-papo.

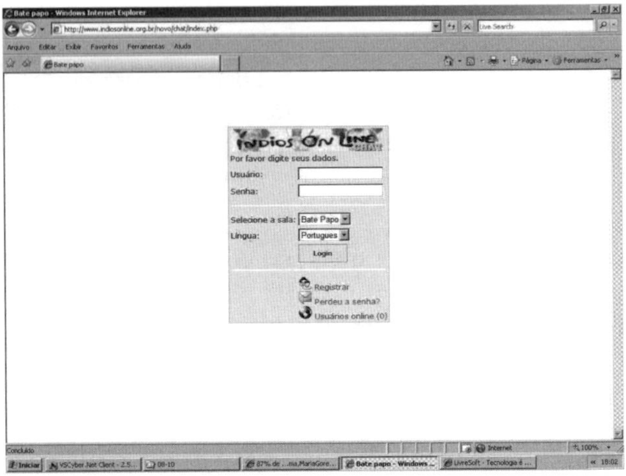

Ao clicar no anúncio do *chat*, abre-se esta página para acesso, 10 de outubro de 2009

Novo visual e novos recursos não foram suficientes para atrair os usuários. A sala de bate-papo fica quase sempre vazia, e surgem comentários[21] de indígenas reclamando que não encontram mais ninguém para conversar.

> ***Comentário*: Alan Pataxo Disse:**
>
> sábado, 10 de outubro de 2009 as 14:05
>
> sou de coroa vermelha-ba sou um pataxó e quero me comunicar com outros indios mas entro no chat e ñ encontro ninguém pra tc comigo assim ñ vale

21 Nas transcrições dos enunciados dos índios manteremos a maneira pela qual escrevem, sem corrigir erros de sintaxe e concordância, tampouco sem assinalá-los com a sigla "sic", para manter o texto o mais próximo possível do original.

neh gente. (Índios Online, reportagem Olha o chat na área pessoal, item Comentários. Acesso: 10 out. 2009)

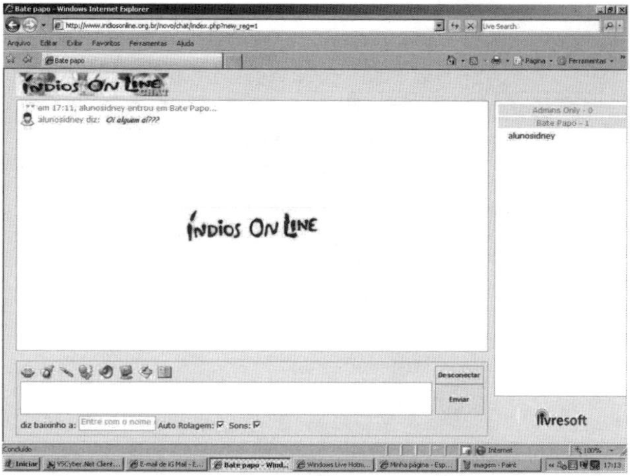

Imagem da sala de bate-papo vazia em 10 de outubro de 2009, depois da modificação

O fato de o *chat* ter ficado dois meses sem funcionar pode ter contribuído para que os usuários concentrassem suas conversas em programas de mensagens instantâneas, como MSN, criando certa resistência a ficar em uma sala de bate-papo. As tribos também recorreram ao uso do correio eletrônico para não perder contato, até a manutenção de o *chat* ser concluída.

Com a volta do *chat,* os gestores do Índios Online terão que fazer uma campanha de incentivo e uso consciente dessa ferramenta como meio de diálogo entre brancos e índios para reverterem esta situação.

Problemas também ocorreram em outros itens como veremos a seguir. Em "Nações" tínhamos acesso aos *links* das sete primeiras tribos participantes: os kariri-xocó e xucuru-kariri, de Alagoas; os pankararu, de Pernambuco; os kiriri, tupinambá, tumbalalá e os pataxó hã-hã-hãe, da Bahia e, a promessa da inclusão de seis novos *links*, na mesma página: os truká, de Pernambuco; os tupiniquim e guarani, do Espírito Santo; os potiguara, da Paraíba; os terena, de Mato Grosso do Sul; e os pankararu, de São Paulo[22].

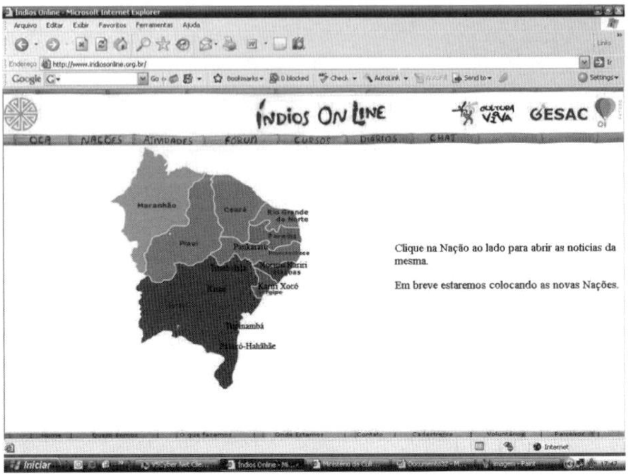

Imagem reproduzida da antiga página Nações, 28 de março de 2009

A inclusão dos novos *links* para as nações participantes ficou mesmo só na promessa. O novo Mapa, substituto de Nações, imagem a seguir, continua apenas com a indicação das sete primeiras tribos. As outras aldeias que se uniram ao *site* podem postar matérias, mas não possuem indicação no mapa ou *link* exclusivo.

No mapa antigo, do item Nações, ao clicar sobre o nome da tribo abria-se uma página com as matérias publicadas referentes àquela aldeia. Isso, no novo formato, já não é mais possível. O mapa agora só tem a função de indicar visualmente a localização da tribo no território brasileiro.

22 Os pankararu, originários da Aldeia Brejo dos Padres, Pernambuco, começaram a migrar para São Paulo a partir de 1950, fugindo da seca, da fome e do conflito com posseiros.

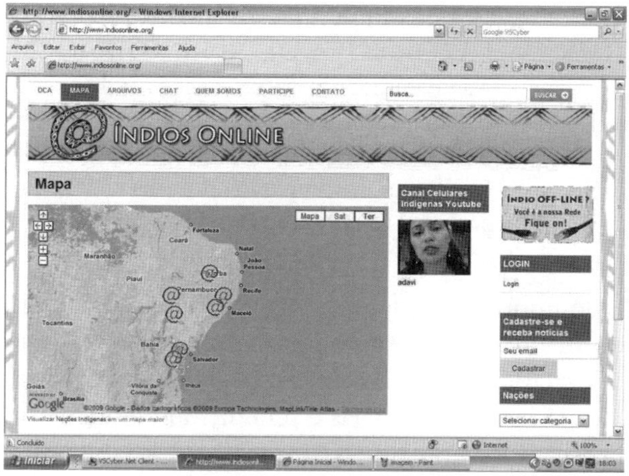

Imagem reproduzida da nova página Mapa com os símbolos arroba indicando as sete primeiras tribos participantes do Índios Online, 10 de agosto de 2009

Os índios, como muitos outros brasileiros, não se apropriaram da internet por completo: são apenas usuários. O fato que confirma essa constatação é que, por mais de três anos, o *site* deixou a mensagem "em breve" na página Nações, sem realizar a alteração necessária; quando ela ocorreu, ainda assim não incluíram as outras tribos participantes.

Os índios estão sendo incluídos digitalmente em nossa sociedade, mas não foram, por enquanto, incluídos cognitivamente, pois não adquiriram conhecimentos suficientes para tarefas ou correções que desejam fazer na arquitetura e gerenciamento do *site*. Por isso, na maioria das vezes realizam pela metade os seus desejos e objetivos no emaranhado de programas, códigos e linguagens a serem dominados na internet para se fazer ouvir por completo e corretamente.

O *site* Índios Online tinha muito mais a oferecer além de informação e reunião de tribos indígenas: ao clicar no item "Cursos", do antigo menu, éramos levados a uma página de estudo e treinamento, chamada Arco Digital que deixou de ser veiculada na reformulação do *site*. Isso não impede, no entanto, de apresentar e analisar este *link*:

> O ARCO DIGITAL é uma COMUNIDADE COLABORATIVA DE APRENDIZAGEM, onde índias e índios de várias nações indígenas, que tendo acesso a Internet e vontade de atuar para transformar conscientemente suas comunidades, decidem participar de um grupo para se fortalecer. (Apresentação da página Arco Digital. Acesso: 5 jun. 2009)

Segundo informações descritas na apresentação da página, a Comunidade Colaborativa de Aprendizagem, Arco Digital, estava orientada especialmente para indígenas, jovens e adultos, que sabem ler e escrever e quisessem trocar ideias e refletir sobre o Desenvolvimento, a Cidadania e as Tecnologias de Informação e Comunicação, bem como compartilhar experiências, práticas e saberes, com a finalidade de fortalecer conhecimentos sobre os direitos indígenas e melhorar, de forma consciente, a qualidade de vida nas comunidades onde moram.

Imagem reproduzida da página inicial do Arco Digital, em 28 de março de 2009, antes da reformulação do *site*

A Comunidade Colaborativa de Aprendizagem, Arco Digital, como já mencionado, contava com a colaboração do Instituto Oi Futuro, da Universidade Federal da Bahia (UFBA) e facilitadores índios e não índios para ministrar oficinas, com a responsabilidade de sistematizar experiências e estimular os índios na construção do conhecimento, como as que seguem:

Nome do Curso	Detalhes do Curso
Jornalismo Étnico	Facilitadora: Lílian Calmon O objetivo desta Oficina é incentivar índios e índias a usarem a escrita para contar, com o seu estilo, suas experiências e suas reivindicações.
O que é ser Cidadão Indígena?	Facilitadora: Ivana Cardoso O objetivo da Oficina é construir juntos os conceitos de Ser Índio e Ser Cidadão Brasileiro para melhor poder exercer seus direitos.
Agrofloresta	Facilitadores: Hiata e Calango O objetivo da Oficina é tomar a natureza como modelo de produção e projetar nossa sustentabilidade em harmonia com ela.
Dialogando com o MEC	Facilitadores: Kleber Gesteira Mattos, Thiago Almeida Garcia e Susana Grillo Guimares Um dos objetivos da Oficina é fortalecer os índios em sua participação comunitária e educacional.
O futuro da saúde também está na Tradição	Facilitadora: Ana Paz Projetar juntos a Saúde, desde o saber popular, valorizando a cultura, a espiritualidade e a linguagem regional de cada povo, em harmonia com o meio ambiente e com a comunidade.
Economia Solidária	Facilitador: Diogo Rego Diferenciar a economia solidária da economia capitalista tradicional, e compreender as dinâmicas sócio-política-econômicas da relação produtor-consumidor.

O Arco Digital era o local no qual os índios aprendiam a utilizar os recursos da floresta, de forma sustentável e em harmonia com a natureza, noções de cidadania para reivindicar seus direitos, além de trocar ideias e saberes, utilizando o diálogo como forma de construir coletivamente o conhecimento e interagir para a transformação local, na qual eram os protagonistas responsáveis na escolha dos rumos para as comunidades.

Com a reformulação do *site*, a página Arco Digital foi retirada do ar. O Arco Digital era o diferencial no *site*, um dos itens que chamaram a atenção no momento de eleger um *site* indígena para análise. O Índios Online era o único *site*, produzido por indígenas, que oferecia ensino e treinamento a outros índios, à distância.

Verdadeiramente uma experiência enriquecedora de se criar comunidade colaborativa de aprendizagem na internet. Tornar realidade a inteligência coletiva sonhada por muitos pesquisadores do ciberespaço, como Pierre Lévy e seus discípulos. Mas infelizmente durou menos de três anos, tempo estabelecido entre a parceria do Instituto Oi Futuro e o Índios Online[23].

Outro ponto que chamava a atenção, no Índios Online, era o item "Diários", local que reunia todas as matérias publicadas diariamente, além da ferramenta de busca para localizar reportagens no site, a qual facilitava, e muito, a pesquisa por tema, tribo, problema específico ou comentário, pois ao final de cada reportagem os índios podiam expressar suas opiniões no item "Comentários", contribuindo e orientando para a solução de problemas semelhantes, já vividos por outras tribos.

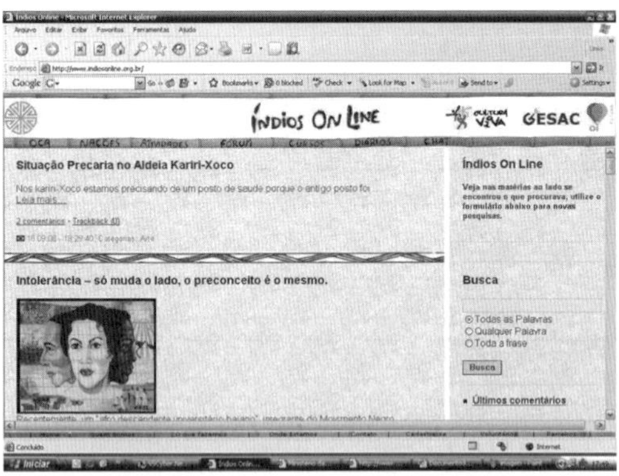

Imagem reproduzida da antiga página inicial do item Diários, 28 de março de 2009

23 Comentada no item "Como tudo começou", deste artigo.

O item Diários também não existe mais, a partir da reformulação do *site*. Agora as matérias postadas no *site* foram concentradas no item Arquivos, o qual exibe todas as matérias publicadas e no final disponibiliza lista das reportagens agrupadas por mês, ano e quantidade, desde a fundação do Índios Online.

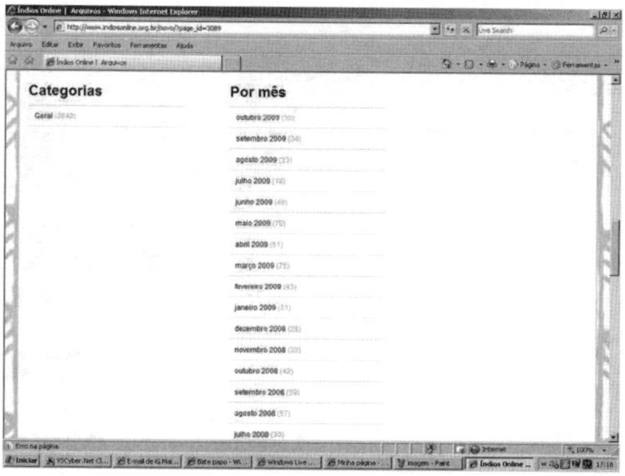

Imagem reproduzida da parte inferior da nova página Arquivos, 10 de agosto de 2009

Também não é mais possível localizar matérias por categorias, como pankararu, tupinambá, etc. As reportagens foram reunidas em uma única categoria denominada Geral.

Recurso que poderia auxiliar na pesquisa das matérias, pois as categorias foram retiradas, seria o uso das *tags*, isto é, palavras-chave utilizadas para identificar conteúdos publicados na internet, como, por exemplo, "pankararu", "demarcação" ou "saúde". O recurso indicaria que a reportagem seria sobre tribo específica, no caso os pankararu, e trataria da demarcação de terras ou saúde indígena, nas aldeias ou postos de atendimento da Funasa.

Um dos problemas identificados nas matérias publicadas é que poucos índios preenchem os campos de identificação das tags, pois muitos não sabem utilizá-las ou sabem tampouco seu significado. Somente escrever e publicar matérias não é o suficiente, faltam domínio das ferramentas e conhecimento dos métodos de organização e localização de informação na internet, o que requer de seus usuários aprimoramento e treinamento constantes.

A ferramenta Buscar, que antes ficava no item Diários, agora está disponível ao lado dos itens do menu, no alto da página, o que facilita sua visualização e utilização.

Imagem reproduzida da nova página Arquivos, 10 de agosto de 2009

As observações colocadas são para melhorar a interação com a informação disponibilizada no *site*, pois a função de tornar públicas as dificuldades e mazelas a que são submetidos os povos indígenas o Índios Online realiza corretamente, como bem ilustra o exemplo descrito a seguir.

As reportagens em sua maioria abordam problemas enfrentados pelos índios, como a falta de médicos e remédios nos postos de saúde indígenas, falta de saneamento básico e até de transporte escolar indígena, como revela o depoimento do índio Lucas, da tribo baiana caramuru.

> Nos alunos do colégio estadual da aldeia indígena caramuru ficamos duas semanas sem aula por falta do transporte. A causa de tudo isso foi porque a empresa não recebeu o pagamento, e por falta de interesse do governo, então juntamos um grupo da comunidade

> e fomos a Salvador para resolver esse problema, nós falamos para eles que o pagamento da empresa dos ônibus estava atrasado e assim não tinha como colocar combustível, e os alunos estava sem estudar. Depois de muita conversa nós conseguimos resolver mais um problema, e eles pagaram a empresa, e assim os alunos voltaram aos estudos e tudo graças a um grupo indígena que esta sempre unido e fazendo o que é melhor para nois mesmo, que é reivendicar os direitos indígenas. (Índios Online, reportagem Transporte escolar. Acesso: 5 jun. 2009)

O que chama atenção, a partir da utilização da internet pelos indígenas, é que o *site* Índios Online orienta as tribos na solução de problemas, ensinando-as a pressionar, por meio de *e-mails* o secretário, a diretoria regional e até os jornais:

> Comentário de: sebastian [Membro]
>
> otimo!!!
>
> vc tem o email do secretario de educação da BA? Pegue o email no *site*!
>
> vc tem o email do responsavel pela DIREC de tua regiao?
>
> do jornal A Tarde? A Regiao? A Tribuna?
>
> Se prepare.... voce pode tambem PRESIONAR VIA INTERNET sem ter que ir de corpo ate lá!!! Fico feliz de leer este materia... e pense que, se por ventura, outra vez vier acontecer um desrepeito como esse, voce pode publicar logo no *site*!!! Um só dia de nao ter aulas por uma ignorancia dessas já é motivo para publicar uma materia!!!! Dois dias vira uma campanha!!!!
>
> Voce tem uma nova arma de PRESSAO... Use-a! (Índios Online, reportagem Transporte escolar, item Comentários. Acesso: 5 jun. 2009)

O *site* não fica apenas na orientação, mas também se abre à divulgação dos problemas enfrentados por qualquer tribo brasileira, como no relato anterior, segundo o qual um só dia de falha nos serviços sociais é suficiente para se publicar uma reportagem. Se o desrespeito continuar por dois dias já é motivo para se fazer uma campanha pela "nova arma de pressão", a internet.

Observo que os índios e não índios passam por muitos problemas parecidos no que se refere aos serviços públicos, e que as soluções encontradas por meio da internet ou não, certamente são benéficas a ambos os grupos. A internet não significa a salvação do índio ou do não índio, pois na internet se vai do céu ao inferno em um clique. Mas, se bem usada, torna-se excelente canal de comunicação, por meio do qual se dialoga com o mundo, buscando respeito, justiça e solução de problemas.

Considerações finais

O cinema e a televisão, comentados no início do texto, ainda são imprescindíveis para o registro da representação indígena na mídia brasileira, mas a internet, por ter custo de produção mais acessível, tem se mostrado importante ferramenta não só para o registro da representação indígena, como também da autorrepresentação elaborada pelos índios brasileiros. Por isso, apesar das dificuldades enfrentadas no uso e na apropriação da internet, prevalece o mérito dos povos indígenas em aprender na prática, com erros e acertos, a utilizar essa ferramenta inovadora.

Por fim, dar voz aos índios é permitir que eles expressem, sem tutor, sua posição quanto ao convívio com nossa sociedade. É, portanto, urgente a abertura de mais espaços para e pelos índios na mídia, através dos quais eles tenham a oportunidade de responder ao olhar que nossa sociedade coloca sobre eles. Para abrir-se à voz desses povos, é necessário que os não índios abandonem a perspectiva da distância para privilegiar a da aproximação.

REFERÊNCIAS

ARRUDA, Roldão; FORMENTI, Lígia. Índios deixam a sede da Funasa após determinação da Justiça. *O Estado de S. Paulo*, São Paulo, 7 mai. 2009. Caderno Nacional, p. A8.

FRANCISCO, Luiz. Portal indígena critica ação de "brancos". *Folha de S. Paulo*, Salvador/BA, 28 abr. 2004. Disponível em: http://www1.folha.uol.com.br/folha/informatica/ult124u15817.shtml. Acesso: 24 set. 2008.

RAMOS, Fernão. *História do cinema brasileiro*. São Paulo: Arte Editora, 1987.

STAM, Robert. Imagens cinematográficas dos índios brasileiros. In: LAUERHASS, Ludwig e NAVA, Carmen. *Brasil – uma identidade em construção*. São Paulo: Editora Ática, 2007.

Sites visitados

www.google.com. Acesso: 5 mar. 2009.

www.socioambiental.org. Acesso: 5 mar. 2009.

www.museudoindio.org.br. Acesso: 5 mar. 2009.

www.funai.gov.br/indios/conteudo.htm. Acesso: 5 mar. 2009.

www.indiosonline.org.br/blogs/index.php. Acesso: 28 mar. 2009.

www.brasilia.unesco.org. Acesso: 28 mar. 2009.

www.cultura.gov.br/cultura_viva. Acesso: 28 mar. 2009.

www.mc.gov.br/inclusao-digital/gesac. Acesso: 28 mar. 2009.

www.oifuturo.org.br/oifuturo.htm#/novosbrasis/default.asp. Acesso: 28 mar. 2009.

www.oifuturo.org.br/oinstituto.asp. Acesso: 28 mar. 2009.

www.ufba.br/. Acesso: 28 mar. 2009.

Porto de Idéias
EDITORA

www.portodeideias.com.br